워킹 간호사

님께

드림

워킹간호사

초판 인쇄 | 2020년 7월 1일
발행 | 2020년 7월 5일

지 은 이 | 김진선
발 행 인 | 모형중
편 집 인 | 박신유, 윤수현
편집·디자인 | 윤수현
표지디자인 | 이명호
발 행 처 | 포널스출판사
등 록 | 제2017-000021호
등록기준지 | 서울시 강북구 노해로8길 22 경남아너스빌 311호
강 북 지 점 | 서울시 강북구 삼양로 104 1층
전 화 | 02-905-9671 Fax. 02-905-9670

www.fornursebook.com

도서 반품과 파본 교환은 본사로 문의하시기 바랍니다.
검인은 지은이와의 합의로 생략합니다.

ISBN : 979-11-5746-459-3
정 가 : 15,000원

워킹 간호사

김진선 지음

죽음과 마주했던 암병동 간호사에서
간호사를 위한 CEO가 되기까지 걸음

"
누구나 꿈을 꾸고
새롭게 용기를
가질 수 있다
"

포널스
출판사

서문

"이제는 간호사 아니세요?"

병원에서 근무할 때도 회사를 운영하면서도 간호사가 아니었던 적은 없다. 내게 붙는 대표 수식어 3개는 간호사, CEO, 유튜버였다. 최근에 나를 소개할 때 이렇게 소개하곤 한다.

"간호사 CEO 김진선입니다."

"간호사 유튜버 널스맘, 김진선입니다."

간호사 면허증을 취득한 후, 늘 누군가를 간호하는 일을 하고자 했다. 다만, 그 걸음의 방향이 차이가 있었을 뿐이었다. 이 책에서 암병동 간호사로의 걸음에서, 간호사 CEO로의 걸음을 걷는 여정을 그리고자 했다. 그리고 간호사의 길을 걷는 분들께 어떤 길을 선택하던 나아가는 데 용기를 주고 싶어 집필을 시작했다.

"암병동은 분위기가 무겁지 않아요?"

종종 주변 사람들에게 이런 질문을 받곤 했다. 맞다. 때론 무겁기도 한 곳이다. 암병동 간호사로 일하며 먹먹함과 슬픔도 컸다. 또한 생명을 다루는 병원 환경에 대한 압박감으로 힘든 시간을 보내기도 했다. 그럼에도 그 길을 걸어왔던 이유는 환자와의 라포, 죽음 옆에서 느낀 삶에 의미, 힘든 만큼 그 무엇과도 바꿀 수 없는 가치 있는 직업이었기 때문이다. 암병동은 정말 드라마 같은 곳이다.

그곳에서 단지 '죽음'만 떠올리는 게 아닌 죽음을 준비하는 과정을 봐왔다. 죽음을 옆에서 함께하면 나 또한 삶에 대한 고뇌를 하게 된다. 삶과 죽음에 대한 생각이 깊어지고 환자로부터 삶에 대한 교훈을 얻기도 했다. 이 가치 있는 직업에 대해서 많은 사람들에게 공유하고 싶었다. 또한 그 가치를 느껴보기도 전에 압박감과 힘듦에 수많은 간호사가 병원을 떠나고 있는 현실을 봐왔다. 병원에 대한 분노와 슬픔의 감정을 가진 채 사직서를 내는 간호사들을 보고 함께 슬펐고 안타까웠다.

인생을 살면서 과거를 되돌아봤을 때, "그때 참, 찬란했었다."라고 말할 수 있는 시간이 얼마나 될까? 누군가를 위해 몰아치는 응급상황에 달려들어 미칠 듯한 간절함으로 모든 노력을 쏟아부었던 시기가 있었다. 어떤 표현이 어울릴까 고민했는데 적절한 말이었다.

"찬란했다."

지나고 보면 신입 간호사 시절 힘든 시기를 견뎌 내준 나 자신에게 너무 고마웠던 시간도 분명 찾아온다. 이 책의 독자 중에 신입 간호사가 있다면 분명 괜찮아지는 시기는 오니 "잘하고 있다."고 용기를 주고 싶다. 이 글을 쓰며 과거의 나에게 그리고 독자에게 "너 많이 힘들었겠구나." 하며 위로의 말을 건네보곤 했다. 병원에서 근무하며 간호사, 간호사를 꿈꾸는 사람들에게 위로가 되고 싶었다. 또한 소통하고 싶어 유튜버 널스맘으로 활동하게 되었다. 유튜브를 운영하며 더 많은 간호사들의 고충을 접하게 되었다. 그러다 보니 자연스럽게 그들을 돕고 싶었다. 간호사도 간호가 필요했다.

"내가 온전히 시스템을 바꿀 수는 없지만, 작은 시스템은 만들 수 있지 않을까?"

여러 고민 끝에 간호사를 간호하는 CEO의 걸음으로 방향을 잡아 걷기 시작했다. 그렇게 ㈜드림널스를 창업하고 현재 간호사, 간호사를 꿈꾸는 사람들을 위한 교육 콘텐츠를 제작하고 있다.

병원에서 평생 근무할 수도 있겠지만 목표한 기간만큼 다닌 후, 잘 이직하는 방법도 있다. 이 책을 읽는 사람들이 사업을 하라는 건 아니다. 난 수많은 새로운 길 중에 창업을 선택했다. 모든 새로운 길을 걷기 위해서는 용기도 필요하다.

자본금 2,000만 원도 안 되는 돈으로 사업을 시작한 스타트업이지만 걸어보려 아등바등 노력하며 계속해서 걸어 나가고 있다. 이 글을 읽는 독자에게 특별한 사람만 새로운 길을 택할 수 있는 건 아니라고 말하고 싶다. 용기를 갖고 나아가다 보면 나와 맞는 일을 선택할 수 있으니 함께 포기하지 않았으면 하는 마음을 전하고 싶다.

간호사로 근무하는 것은 정말 자부심을 느껴도 마땅하다. 자기 삶의 목표를 정하고 임상간호사의 길을 선택하던 다른 길을 걷고자 마음을 먹었다면 그다음에는 강한 용기를 가져봤으면 한다.

간호사로 근무하며 사업을 진행하기까지의 삶을 한 번쯤은 꼭 책으로 써 내려가고 싶었다. 책을 쓰기까지도 큰 용기가 필요했다. 어떻게 보면 삶은 끊임없는 도전이며 이 도전을 위해서는 용기가 필요하다. 새로운 꿈을 갖는 것처럼 반짝이는 일은 없는 것 같다. 거창하지 않아도 좋다. 나도 매일 궁극적으로는 '행복'을 향해 새로운 꿈을 꿔보곤 한다.

〈본 내용은 실화를 바탕으로 집필하였으나 인물의 나이나 성별은 재구성한 내용임을 말씀드립니다.〉

목차

서문

제1장 암 병동에서 시작된 걸음

제2장 암 병동 간호사의 걸음

제3장 간호사 CEO의 걸음

1장

암 병동에서 시작된 걸음

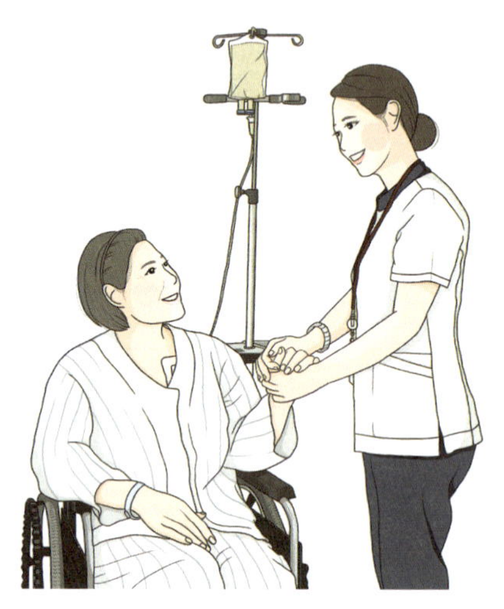

암 병동 간호사의 길을 걸어 봤음에 감사하다.
그 곳에서의 나는
입 · 퇴원을 반복하는 암 환자와 함께 호흡해야 했다.
어느 순간 가까운 사이가 되었고
그들로 인해 웃고, 울었다.
매일이 다이내믹했던 그 곳에서의 여정,
그 걸음이 참 감사했다.

첫 환자, 첫 이별

입사 전 간호사에 대해 내가 잘 알고 있었던가?

떠올려 보면 아니었다. 열심히 공부와 실습을 끝냈으니 그저 최선을 다하고 친절을 베풀면 되지 않을까 하는 막연한 생각뿐이었다. 그저 따뜻한 말투로 환자를 대하면 그게 친절이 아닐까 생각하기도 했다.

그러나 신입 시절의 나는 친절한 간호사도 아니었다. 모르는 게 많았기에 환자에게 제대로 된 교육을 해 줄 리 만무했기 때문이다. 항상 "잠시만요!"만 외치는 부족함 투성이 간호사. 그렇게 내가 추구했던 간호사와는 멀어져 가며 이리저리 뛰느라 정신없는 나날을 보내고 있을 때였다.

드디어 내게 첫 환자가 왔다.

처음 받아 보는 입원에 내심 떨렸던 내게 인자한 미소를 지어 보여 준 여성 환자였고, 나는 그저 잘해드리고 싶단 생각만 들었다. 그러나 잘하고 싶은 마음과는 다르게 입원을 받는 과정부터 서툰 모습을 보이고 말았다. 놓친 부분이 많아 환자에게 몇 번이나 다시 가서 입원 정보를 조사해야 했다. 그런데도 그는 미소로 답해 주는 따뜻한 분이었다. 출근해서 인사할 때나 불편한 것이 없는지 몇 번이고 보러 갈 때마다 손녀를 바라보듯 늘 인자하게 웃으며 내 안부를 물어 주곤 했다.

어느 날, 나이트 근무 중에 콜벨이 울려 가 보니 난감한 표정으로 그가 나를 쳐다봤다.

"저… 죄송해요, 선생님."

그가 천천히 이불을 들어 보이자 이불에 소변본 자국이 있었고 이불로 소변을 닦아 보려 노력한 흔적도 보였다. 나는 커튼을 치고 환자를 일으켜 앉힌 후 이불을 바꾸기 시작했다. 고개를 떨구며 미안하다는 말을 반복하는 그를 보면서 나는 아주 작은 목소리로 말했다.

"아니에요. 미안해하실 필요 없으세요. 도움이 필요하시면 꼭 말씀해 주세요."

그날 이후 우리는 점점 더 가까워져 갔지만 인자한 미소를 띠며 혼자 걷던 그의 모습은 점차 사라져 갔다. 급격히 기운을 잃은 그는 밝고 인자한 표정 또한 잃어 갔고, 출근길에 인사하는 나에게 희미한 미소와 함께 힘겨운 한마디를 건넬 수 있을 뿐이었다.

어느 날 인계 시간이었다.

"환자분 아침부터 시작된 극심한 통증으로 모르핀 속도 30까지 높여서 들어가고 있어요."

그의 통증은 점차 고농도의 약으로도 감당하기 힘들게 되었다. 야속하게도 암은 그의 몸속에서 계속 퍼져 나가고 있었고 급기야 허리뼈까지 침투했다. 뼈에 암이 전이되자 쉽게 골절이 일어났다. 하지만 컨디션이 떨어져 허리 쪽 수술을 할 수도 없어서 허리 보조기를 착용하며 진통제를 통해 견디는 방법 외에는 도리가 없었다. 그의 얼굴에서 더 이상 미소를 찾을 수도 없었다. 고통 속에 힘들어하는 그를 더 이상 바라볼 수만은 없었던 보호자들은 방사선치료를 원했다. 환자의 컨디션상 방사선치료를 하기에 위험성이 있었지만 끝내 허리 쪽 방사선치료 10회를 결정했다.

그런데 2번째 방사선치료를 받고 온 그가 이상했다. 온몸에 힘이 없는 듯했고 초점도 흔들려 보였으며 가족들이 말을 걸어도 짧은 대답만 할 뿐이었다. 이제는 아예 소변도 가릴 수 없어 기저귀를 착용해야 했다. 처음 실수로 소변을 봤다며 미안해하던 모습은 온데간데없이 기저귀를 교환하는 동안에도 어떠한 동요도 없었고, 많이 아플 텐데도 통증 호소조차 하지 않았다. 겉으로는 건강해 보였고 나와 라포를 형성했던 환자가 점점 약해지는 모습을 봐야 하는 것이 너무 괴로웠다. 정말 잘해 주고 싶었던 첫 환자인데 약속한 시간은 우리에게 많은 날들을 허락하지 않았다.

결국 세 번째 방사선치료는 가지 못했다. 가끔 눈을 깜빡이는 것 외에는 반응이 없었고, 나도 가족도 인지하지 못하는 듯했다. 정맥주사를 교환하면서, "환자분, 두꺼운 바늘이라 따끔하실 거예요."라고 말하자 그가 날 바라봤고 찌르는 동안에도 표정 변화 없이 나에게 시선을 고정하고 있었다. 나는 조용한 목소리로 다시 말을 걸었다.

"저 쳐다보신 거예요? 기억나세요?"

그리고는 내가 미소를 보이자, 정말 신기하게도 그가 옅은 미소를 띠어 주었다. 순간, '날 알아보는 걸까?' 하고 혼자 상상의 나래를 펼치며 들뜬 마음을 진정시켰다. 그때가 환자와 시선을 마주한 마지막 순간인 줄도 모르고….

다음 날, 출근과 동시에 심전도 모니터에서 경보음이 울렸다.

띠---- 띠---- 띠띠띠띠띠….

눈을 감고 있는 그의 모니터 속 심장박동 수는 떨어지기 시작했다.

아직 응급상황에 대한 경험도, 죽음을 본 적도 없었기에 놀란 마음부터 들었다. 내 담당 환자였지만 응급상황이 되자 병동의 선임 간호사분들이 뛰어와 빠르게 처치하기 시작했다.

띠---- 띠 ----

의료진들의 노력에도 불구하고 모니터의 알람은 꺼질 줄 몰랐고 심장박동 수는 점차 느려져 갔다.

나는 간호사가 되기 전 누군가의 장례식장에 가 본 적도 없었다. 죽음을 본 적이 없는 것이다. 누군가의 죽음을 처음으로 접한 일은 간호사인 내게도 충격적인 일이었다. 무섭거나 슬픈 느낌이었다기보다는 '어안이 벙벙했다.'는 표현이 더 맞을 듯하다. 사망선고 후에 모니터를 끄기 위해 손을 뻗으면서도 멍한 느낌과 일시적으로 내 주변이 조용해지는 느낌까지 들었다. 믿기지 않았다. 모든 걸 다해 주고 싶었으며 부족하지만 최선을 다해 주고 싶었던 나의 첫 환자가 떠났다. 단순히 모르는 사람의 죽음이 아니었고 갑작스러운 죽음이 아니었다. 죽어 가는 과정을 오롯이 다 봐야 했던 죽음….

간호사이기에 울면 안 된다며 스스로 주문을 걸었다. 내 환자였기 때문에 응급상황부터 사망 후 서류가 끝나는 시점까지 내가 도맡아 처리해야 했지만, 신입이었기에 선임 간호사분들의 도움을 받아 모든 절차를 마무리할 수 있었다.

아직도 그의 인자한 미소를 잊지 못한다. 내 첫 환자, 병원에서 직면한 첫 죽음. 강인해야만 하는 간호사에게도 죽음은 충격적이었고, 많은 의료진들의 노력에도 안타깝게 꺼져 가는 생명을 보며 무력감을 느끼기도 했다. 또한 쉽게 설명하기 어려운 복잡한 감정과 함께 '죽음이란 무엇인가.'에 대해 끊임없는 고민을 해야 했다.

첫 환자의 죽음에서 느꼈던 기분은 결코 잊을 수 없을 것이다. 하지만 간호사이기에 노력해 봐야 했다. 죽음에 무덤덤해지는 것을.

코드블루 코드블루

나는 간호학과 학생으로서 시뮬레이션 교육, 응급간호에 대한 여러 실무를 배웠고 4학년 때는 필수라 할 수 있는 BLS(basic life support, 기본심폐소생술)를 취득했다. 그리고 여기에 ACLS(전문심장소생술)까지 배우며 병원에 응급상황이 생겼을 때를 떠올려 보곤 했다. 그리하여 병원 입사 전, 한몫을 다하겠다는 근거 없는 열정까지 곁들이며 나만의 시나리오를 그려 보곤 했다.

그런데 입사 후 응급상황은 생각보다 일찍 찾아왔다. 이제 막 걸음마를 떼려는 와중에 응급상황이 닥치자 지금까지 배운 것들은 아무것도 생각나지 않았다.

"검체 빨리 내려! 약 가지고 와!"

손 빠른 경력 선생님들 사이에서 물품 조달조차도 능숙하지 못했던 나는 식은땀을 흘리며 선생님들 뒤를 쫓기에 바빴다. 그날 집에 와서 괜한 자괴감에 사로잡혔다. '언젠가는 나도 선배들처럼 할 수 있을까?'

하는 의문도 함께 찾아왔다.

그날을 시작으로 유튜브를 뒤지기 시작해 인공기도삽관 영상, 산소 주입법부터 보고 또 봤다. 응급 약물을 빼곡히 적어 보기도 하며 다시 올 응급상황에서는 물품 조달만큼이라도 완벽하게 하겠단 목표를 세우기도 했다. 그렇게 공부를 했지만 신입 간호사 시절의 응급상황은 내게 이론과 현실의 괴리감을 느끼게 했고 매번 제대로 하지 못해 아쉬움을 남겨야 했다.

2년 차가 되던 어느 날, 숨을 가쁘게 쉬던 환자가 동맥혈가스검사상 사망에 이를 수 있을 정도로 이산화탄소가 쌓여 언제 숨이 멎을지 모르는 응급상황이 발생했다. 언제나 그렇듯 간호사들은 환자를 향해 달려들어 분업을 해 나갔다. 그때 나는 무슨 자신감이었는지, "Intubation assist(인공기도삽관 도움) 제가 설게요."라는 말을 내뱉었다. 당장 한 사람의 생명이 걸린 일이었기에 무서워할 수도 없고 실수해도 안 되며 단 몇 분 안에 인공기도삽관 및 응급상황이 종료되어야만 했다. 그때 나는 이상하리만큼 침착했다. 여느 때처럼 떨리지도 않았고 Suction(흡인)하며 Intubation(인공기도삽관) 기구를 의사에게 순차적으로 건네는 것에 실수도 없었다. 삽입이 완료되었을 때 빠지지 않도록 고정하며 산소를 연결했고, 함께하던 의료진도 각자의 역할을 무사히 완수해 응급상황이 마무리되었다.

겉으로 표현은 안 했지만 그날의 쾌감은 이루 말할 수 없었다. 그리고 그날로 응급상황이 걱정돼서 출근하는 게 무섭던 고비를 넘길 수 있었다. 응급상황이 발생했을 때 겁내지 않고 부딪치다 보면 분명 성장하는 날이 오리라 믿게 되었고 스스로를 더욱 단단히 해 나갈 수 있는 계기도 되었다.

한번은 나이트가 끝나고 퇴근하기 위해 머리를 풀고 옷을 갈아입으려던 찰나였다.

"코드블루 코드블루! ○○병동 ○○과!"

생각할 틈도 없이 탈의실에 있던 간호사들은 풀었던 머리를 다시 묶으며 뛰기 시작했다. 응급상황 시에는 기본 4명 이상의 간호사가 필요한데 데이 근무에는 그만한 인원이 없었고 다른 곳에서 간호사가 투입되기까지 기다릴 수 없었기 때문이다.

숨가쁘게 모인 간호사들은 또다시 각자의 역할에 집중했다. 그런데 의사의 Intubation이 식도로 잘못 들어가 온갖 음식물이 나오기 시작했다. Suction을 하면서 시야를 확보하려 해도 계속되는 구토에 내 손은 바빠져만 갔다. 그때였다. 환자가 가장 근접하게 붙어 있던 내게 구토를 내뿜기 시작했다. 신입 간호사들은 거즈 운반에 정신없었고 나는 끝까지 손을 떼지 않고 환자의 기도 시야를 확보하며 두 번째 Intubation을 도왔다. 이번엔 다행히도 성공이었다. Suction을 멈추지 않고 테이

핑을 시작했지만, 계속해서 쏟아져 나오는 내용물 때문에 이마저도 쉽지 않았다. 인공호흡기와 연결하는 동안 마지막까지 인공기도삽관이 빠지지 않도록 지키는 것을 끝으로 상황은 마무리됐다.

거울을 보자 내 옷과 팔, 얼굴에 튄 구토물들이 눈에 들어왔다. 참으로 신기했다. 그 구토물들을 받아 내면서도 끝나고 나서도, 더럽거나 비위가 상하지 않았다. '할일을 마쳤구나. 씻고 가야지.'라는 생각뿐.

신입 시절에 크게 느꼈던 괴리감과 응급상황에 대한 공포가 덤덤해지는 순간은 분명 찾아왔다. 내가 있던 혈액종양내과는 환자의 중증도가 높기 때문에 응급상황이 자주 반복되었고, 환자에게 최선을 다해야만 했던 나로서는 그때마다 짓누르는 압박감에도 요동치는 심장을 부여잡고 하나하나 맞서 견뎌야만 했다. 그러다 보니 점차 한 사람의 몫을 해낼 수 있었고, 어느 순간은 냉정하리만큼 떨림도 없이 오로지 응급간호의 흐름만 떠올리며 손을 움직이는 나를 발견할 수 있었다. 물론 응급상황은 결코 혼자 잘해서 해결되는 것이 아니다. 능숙하고 사명의식이 있는 훌륭한 동료분들이 항상 내 곁에 있었기에 덤덤해지는 것도 가능한 일이었다.

그렇게, 한때 가슴 떨렸던 코드블루가 이제는 몸이 반응하는 코드블루가 되어 갔다.

부잣집 아들로 태어나

흔히들 우리나라의 의료시스템은 선진화되어 있고 값싼 비용으로 좋은 의료 서비스를 받는 것으로 알고 있다. 그럼에도 간호사로 근무하며 현실의 벽에 부딪힌 사람들을 마주해야했다.

무표정의 30대 남자 환자가 있었다. 이미 전신에 암이 퍼졌고 항암제조차 더 쓸 수 없었다. 복수가 가득 차 있었고 전신의 심한 부종으로 피부를 누르면 물이 나올 정도였으며 시트는 계속해서 젖었다. 피부는 쉽게 벗겨졌고 누우면 호흡이 곤란해져 침상에 앉아 멍하니 땅만 쳐다볼 뿐이었다. 초반에 불안한 자세로 앉아 있는 환자를 보았을 땐 낙상이 발생하지 않을지 우려가 되었지만 항상 그의 옆을 지키는 아내와 어머니를 보며 그런 생각은 하지 않게 되었다.

아내와 어머니는 번갈아 가며 그의 낮과 밤을 함께했다. 아무 말 없이 가쁜 숨만 내뱉는 그를 애정 어린 눈빛으로 바라보고 그의 손을 잡아 주었으며, 피부가 벗겨지면 거즈를 하나하나 붙여 주는 등 지극정성으로 간호했다. 보존적인 치료 외에는 어떠한 치료도 할 수 없어 '사전연명의료이행서'를 작성하고 하루하루 힘겨운 싸움을 해 나갔다.

그도 힘들었을 테지만 보호자들은 환자가 없는 곳에서 위태로워 보이기까지 했다. 젊은 나이의 아내는 임신하여 배가 점차 불러왔고, 어머니는 며느리와 자리를 교대하고 복도에 나오면 눈물을 훔치는 날이 많았다. 차라리 어떠한 치료라도 한다면 마음이 조금이나마 편할 텐데 보험이 가능한 약 중에는 그가 쓸 수 있는 약이 더 이상 없었다. 그럼에도 시간이 갈수록 보호자들은 더 애틋해 보였고 더욱 정성을 들였다. 그 정성을 아는지 환자도 보호자가 잡은 손을 고쳐 잡기도 했다. 한 가정의 힘든 시간이 내게 고스란히 느껴져 별다른 치료 없이 지켜만 보는 것에 계속 마음이 쓰였다. 아내의 뱃속 아이를 떠올리면 제3자인 나도 가슴이 미어질 것 같은 느낌도 들었다.

어느 날 환자는 숨을 헐떡이기 시작했고 의식이 희미해져 갔다. 가족을 향해 있던 눈은 이내 초점을 잃었으며 심장리듬도 빠르게 변해 갔다. 우리는 아무것도 할 수 없었다. 소생술을 하지 않겠다고 했던 그의 결정에 따라 임종을 준비하는 방법밖에 없었다. 보호자는 담담하다고 느껴질 만큼 평소처럼 환자의 손을 꼭 잡고 그의 얼굴을 하염없이 쳐다봤다. 어느 순간 그의 심장이 다시 뛰지 않았다. 그러자 환자의 어머니가 큰소리로 울부짖기 시작했다.

"아들아 미안하다. 정말 미안하다! 제발 다음 생에는 내 아들로 태어나지 마. 가난한 엄마 밑에서 크느라 정말 애썼다. 살려 주지 못해서 미안해. 제발 다음 생에는 부잣집 아들로 태어나. 제발 다음 생에는 부잣집 아들로 태어나….”

주변은 침묵 속에 갇힌 듯했고 어머니의 오열과 부인의 흐느낌만이 병동을 채웠다. 가장 큰 소리가 났지만 가장 조용한 날이기도 했다.

돈이 없어 치료를 빨리 시작하지 못했고 보험이 되지 않는 비싼 항암제를 사용할 엄두를 못내 끝까지 치료할 수 없었던 보호자의 죄책감이 고스란히 느껴졌다. 사후 처치를 해야 했지만 이상하도록 목젖이 떨려왔다. 흐느끼며 울고 싶었지만 나까지 그럴 순 없어 겨우 감정을 추스르고 마무리해야만 했다. 그리고 그 후에도 종종 그 환자가 떠올랐다.

그로부터 1년 뒤였다.

“그때만 떠올리면 아직도 마음이 안 좋네.”

병동 선생님들과 밥을 먹는 자리에서 한 선생님이 그 환자의 이야기를 꺼냈다. 주변 선생님들도 다 숙연해졌다. 모두에게 그날은 안타깝고 가슴이 쑤시던 날이었다.

“그날 눈물을 참느라 너무 힘들었어요. 몸이 다 떨리는데 참아야 했어요. 아직도 종종 생각이 나요.”

내 마음이 모두의 마음과 같았다.

이런 일을 겪을 때마다 최상의 의료 서비스는 무엇인지에 대해서 생각해 보게 된다. 어떤 암은 정부에서 90%를 지원해 주는 항목도 있어 이로 인해 실질적으로 큰 혜택을 보는 사람이 있는 반면 의료혜택을 받고도 감당할 수 없는 치료비에 치료 포기를 고민하는 사람도 있다.

단지 금액이 높다는 이유로 사람의 목숨을 포기할 수는 없을 것이다. 목숨은 애초에 포기하고 말고를 결정할 수 있는 성질의 것도 아니다. 어떤 이들은 1%의 가능성에도 희망을 걸고 임상치료 약제나 아직 보험이 되지 않는 수백만 원짜리 항암제에도 기대를 걸어 보기도 한다. 그러나 그마저도 효과를 장담할 수 없거나 몸 상태가 여의치 않아 치료를 포기하고 보존적인 치료만 진행하게 되는 경우도 많다. 이 시기에, 환자 스스로 사전연명의료이행서를 작성하게 되기도 한다. 심정지가 왔을 경우 소생술을 진행할지에 대해 스스로 내린 결정을 존중하는 의미가 내포되어 있는 것이다.

암 병동에 있으면서 사전연명의료이행서를 작성하는 환자를 셀 수 없이 봐 왔다. 그 순간은 환자의 눈빛에서 살고 싶다는 강한 욕망과 큰 결심 앞의 단호함이 느껴지며, 펜을 잡은 손은 한참 동안 미동도 없고 기나긴 침묵은 환자와 그 주변을 무겁게 누른다. 하지만 죽음 앞에 스스로를 놓아두겠다고 선택하는 일은 어떠한 감정과 기분일지 쉽게 상상할 수도 없다.

안타깝게 보낼 수밖에 없었던 그 환자는 치료를 진행하기 어려운 컨디션이었고 실제로 치료제가 효과가 없었을지도 모르지만, 당시 보호자의 죄책감과 미안함이 섞인 처절한 절규는 아직도 내게 잊혀지지 않는다. 차라리 보험 혜택을 받을 수 없는 고가의 치료제가 없었더라면 보호자의 죄책감이 덜했을까?

경제적인 어려움으로 인해 모든 치료를 다 해 볼 수 없는 환자들, 소중한 사람을 잃은 슬픔에 끝까지 시도해 볼 수 없었던 죄책감까지 더해져 괴로워하는 가족들을 보며 나도 가슴이 아팠다. 그리고 그들을 그저 바라볼 수밖에 없음에 답답한 마음을 쉽사리 지울 수 없었다.

아직은 쉽게 뛰어넘을 수 없는 현실들을 마주해야만 했다.

마지막 뜬 눈

"조금이라도 오래 살려면 운동이라도 해야지. 아고, 선생님 내 옆자리 사람이 너무 시끄러워요. 자리 좀 바꿔 줄 수 없어요?"

언제 출근해도 복도를 거닐거나 다른 환자들과 이야기를 나누고 있을 것 같은 환자였다. 그날도 여느 날과 같이 수다를 떨고 있는 환자에게 의사가 무거운 표정으로 다가가 말했다.

"암이 많이 퍼진 상태라 이번 달을 넘기기 힘들 것 같습니다."

환자의 눈빛은 바로 흔들렸다. 환자의 혈액검사 결과들과 환자의 손끝은 이미 말기 암 환자임을 보여 주고 있었다. 환자의 표정과 눈빛은 모든 것을 부정하는 듯했다.

"연명? 안 할래요. 서류 주세요."

표정과는 다르게 끝내 연명치료는 하고 싶지 않다고 의사를 밝혔다. 그로부터 몇 시간 뒤에 그는 또 이전처럼 웃으며 복도를 거닐고 말을 건네 왔다.

"간호사님! 약포지 뜯기 쉬운 건 어디서 안 만든대요? 허허."

약포지가 잘 안 뜯기게 나온 거 아니냐며 투정 아닌 투정을 부리는 그는 몇 시간 전에 사전연명의료의향서를 쓴 사람처럼 보이지 않았다. 어쩌면 그의 마음을 알지 못한 채 표면적인 부분만 보고 그렇게 생각했는지도 모른다.

며칠 뒤 유난히 바쁜 날, 밝기만 했던 그 환자는 창백한 낯빛을 하고 떨리는 목소리로 내게 말했다.

"선생님, 여기가… 여기가요. 참… 두근두근거리는데…."

심장을 부여잡으며 말하는 그를 보고 이미 암 병동에서 많은 죽음을 본 후라 무언가 직감하고 재빠르게 모니터를 연결했다. 역시나 심장박동 수가 요동치기 시작했다. 환자들은 의식이 없는 상태에서 죽음을 맞이하는 경우가 더 많지만 이 환자는 달랐다. 심장 리듬은 계속 흔들리고 있어도 그의 정신은 아직 온전했다. 처치실로 이동한 후 그는 임종을 준비하며 담담한 목소리로 가족들과 마지막 인사를 나눴다.

"고마웠고, 잘 지내야 해."

임종이 얼마 남지 않았음이 명백했지만 오랜 시간 돌봐 온 환자였기에 죽음에 임박했다는 것이 실감나지 않았다. 지난 시간들이 추억으로 떠올라 가족처럼 임종을 지키고 싶단 생각도 들었다. 그럼에도 난 간호사였기에 그 환자에게만 매달려 있을 수는 없었다.

안타까운 마음을 애써 뒤로한 채 다른 환자들을 돌보고 간호기록을 넣으면서 이리저리 뛰어다니느라 정신이 없던 그때, 그가 나를 불렀다. 주변에 있는 가족들보다도 담당 간호사인 나를 찾으며, "선생님, 저 지금 괜찮은 거예요?"라며 재차 물었다. 더이상 어떠한 치료도 할 수 없는 상황에서 어떤 말을 해 줘야 할지 먹먹했다. 내가 할 수 있는 대답은 "제가 계속 환자분한테 올게요."라는 말뿐이었다. 처치실과 가장 가까운 컴퓨터를 잡고 처방을 확인하고 간호기록을 넣으면서 불안해하는 환자에게 할 수 있는 말은 한정적이었다.

"환자분, 저 여기 있어요!"

그는 계속해서 "간호사님, 선생님."을 반복했다. 그에게 가니 눈은 파르르 떨리고 눈동자는 계속 흔들리고 있었다. 문득 어느 소설책에서 본 구절이 떠올랐다.

그러자 눈이 흔들렸습니다.

사람이 죽음 앞에서 요동치듯 흔들리는 눈을 보자 환자의 모든 불안감이 내게 고스란히 느껴지는 것 같았다. 그 누구도 죽음을 담담하게 맞이할 수는 없을 것이다. 죽음을 인지한 눈동자가 이런 걸까?

환자는 보호자가 아닌 의료진에게 의지하다가 결국 눈을 반쯤 뜨고 앉은 상태로 죽음을 맞이했다. 얼마나 무섭고 불안했을까. 얼마나 살려 달라고 외치고 싶었을까. 사랑하는 가족들을 남기고 떠나야 하는 게 얼마나 슬펐을까….

그와 나눴던 이야기들이 하나하나 생생하게 떠올랐다. 항암제를 처음 맞을 때 궁금한 게 많다며 물어보던 모습. 항암제가 바뀌고 손끝이 저리다며 약포지를 뜯어 달라고 연신 미안해했던 모습. 어제만 해도 복도를 거닐었고 방금까지도 대화를 나누던 환자가 더 이상 이 생에는 존재하지 않는다는 게 나에게도 충격처럼 다가왔다. 단순히 한 환자의 죽음이 아닌 내가 오랜 시간 봐 온 환자의 죽음이었기에 믿을 수 없다는 생각만 자꾸 들 뿐이었다. 죽음은 예상을 해도 죽음이었다. 예상했다고 해서 슬픔이 덜한 것은 아니었다. 내일 또 출근하면, "옆에 환자가 코를 어찌나 골던지 잠을 잘 못 잤어요!" 하며 웃어 보일 것 같았다.

눈을 반쯤 뜨고 앉아서 죽음을 맞이했기에 창백해져 가는 그를 눕히고 바르게 몸을 폈다. 환의(患衣)를 갈아입히고 하얀 천을 덮고 눈을 감겨드렸다. 하얀 천에 덮여 있는 그는 이제 이 생을 떠났다.

어느 날 밤, 자다가 환자의 마지막 눈빛을 꿈에서 보고 잠을 깼다. 처절하게 흔들리던 눈동자. 아직까지도 죽음 직전에 눈을 다 감지 못하고 생을 마감한 그의 눈동자가 종종 떠오르곤 한다. 담담하게 연명치료는 하지 않겠다고 했지만, 죽는 순간에도 그는 얼마나 살고 싶었을까. 가족보다도 의료진들에게 의존했던 만큼 그는 간절했지만 죽음은 야속하게 그를 삼켰다.

그 환자의 마지막도 온전히 옆에 있어드리지 못했다. 혹시 지금 계신 그곳에서 마지막 날 계속 함께해 드리지 못한 것에 서운해하고 계시진 않으실까, 혼자 괜한 생각에 잠기곤 한다. 그래도 이제 그곳에서는 좋은 분들과 편안하게 이야기 나누고 계실 거라 믿으며 말이다.

이곳은 간호간병통합서비스병동

"넌 무슨 과 갈 거야?"

간호 학생 시절, 1학년 때부터 친구들과 서로 묻곤 했다. 주변에서는 내게 외과병동이 어울린다는 말을 많이들 했기 때문에 그땐 그냥 내가 외과를 가야 할 것 같았다. 지금 생각하면 그게 무슨 의미가 있었나 싶다. 병원 입사할 때 1지망을 정형외과로 적고는 바람대로 이루어지길 간절히 원했지만, 생각지도 못한 발령지를 받았을 땐 당혹스러웠다.

– *혈액종양내과* –

학생 실습 때 2주간 혈액종양내과를 경험해 본 바로, 그곳의 무거운 분위기 때문에 피하고 싶었다. 그러다 운이 좋았다고 표현하긴 애매하지만 갑자기 충원이 필요한 정형외과로 입사하게 되었다. 하지만 운명이라는 게 있는 걸까. 입사 5개월 차에 혈액종양내과병동 추가 신설이 필요해서 정형외과병동이 없어지고 혈액종양내과로 바뀌게 되면서 나는 결국 운명처럼 혈액종양내과 간호사가 되었다. 당시 정형외과 5개월로 아직 신입을 벗어나지 못한 상태였기에 어느 과든 내게는 힘들 거란 생각이 들어 혈액종양내과 간호사가 된다는 게 슬프거나 놀랍지도 않았다. 그런데 막상 혈액종양내과 간호사로 근무해 보니 나에게는 환자 보는 수가 조금이나마 줄어든 혈액종양내과가 더 맞는다는 생각이 들었다. 새롭게 내과 공부하는 것도 꽤 재밌었고 내과 업무도 좋았다.

정형외과는 엄청난 병상 회전률을 보인다. 환자들이 물밀듯 오고 수술이 끝나면 재활병원이나 자가로 가게 되어 뛰고 또 뛰는 반복적인 업무도 많고, 입·퇴원이 굉장히 많다 보니 라포 형성할 시간이 상대적으로 부족했다. 그러나 내과는 달랐다. 장기 재원 환자도 있었고 한 병원에 주기적으로 입·퇴원하는 분들이 많았다. 그러다 보니 자연스레 라포가 형성되어 환자 파악을 더 꼼꼼하게 할 수 있었다.

그렇게 혈액종양내과병동에 적응해 나가고 있을 무렵 TV에서 '간호간병통합서비스'에 대한 이야기가 나오곤 했다. 혈액종양내과는 중증 환자가 많다 보니 보호자 또는 간병인이 상주하고 있는 경우가 많아 이곳에서 일하는 나와는 먼 정책일 거란 생각이 들었다. 그런데 간호간병통합서비스 시범 병동으로 우리 병동이 선택되는 놀라운 일이 벌어졌다. 그렇게 해서, 나는 생각지도 못했던 혈액종양내과 간호간병통합서비스병동 간호사가 되었다.

변화에는 적응할 시간이 필요하다. 게다가 병원은 원무과, 진료부, 간호부 등 여러 분야가 협력해서 일하는 곳인 만큼 변화에 함께 움직여야 했다. 하지만 모든 부서의 변화 속에서 마찰도 생겼고, 환자와 보호자의 정책에 대한 낮은 인식도 문제가 되었다. 간호간병통합서비스는 간호사가 환자 스스로 활동이 가능하도록 돕고 스스로 할 수 없는 일에 대해서만 도움을 주는 것인데, 초반에는 보호자 없이 간호사가 간병해 주는 곳이라는 인식이 만연했다. 그렇다 보니 스스로 할 수 있는 일을 부탁하거나 콜벨로 간호사를 호출해 돈을 내밀며 주스를 사다 달라는 등 무리한 부탁을 하는 환자도 있었다. 어떻게든 정확하게 인식시키는 것도 간호사의 몫이었기에 그런 환자에게 간호간병통합서비스에 대한 설명을 반복하는 것도 일과 중 하나가 되었다.

문제는 계속 발생했다. 아직 행정적으로도 자리잡히지 못해 환자중증도 분류표도 계속 변경되었다. 간호간병통합서비스는 자가 활동이 어느 정도 가능한 환자들이 입원하는데, 어느샌가 전인 간호가 필요하지만 간병인을 고용하기 부담스러운 섬망, 치매환자분들로 침상이 채워져 갔다. 간혹 자가 활동이 가능한 환자가 입원을 오기도 했지만 병동에 중증도가 높은 환자가 많아 마음이 불안하다며 다른 병동으로 전실을 요청하기 일쑤였다. 결국 중증도 높은 환자분들이 많이 입원한 상태가 지속되었다.

또한 서비스 시작과 동시에 한꺼번에 간호사가 증원되어 많은 신입간호사와 함께하게 되면서 간호사 트레이닝까지 겹쳐 병동은 늘 분주했다. 가장 아쉬웠던 것은 매시간 반복적으로 해야 할 일(routine; 루틴)이 많은 가운데 응급상황도 잦아 라운딩을 급하게 돌게 된다는 것이었다. 게다가 응급상황 속에도 콜벨은 계속 울렸다. 병동임에도 인공호흡기를 달고 있는 환자들까지 케어하며 간호간병통합서비스를 하려니 갈수록 막막해졌다. 간호보조인력도 환자 30명당 한 명으로 턱없이 부족한 상황이었다.

이렇듯 난감한 상황이 산적해 있었지만 그중 밤에 섬망이 오는 환자분들은 가장 난감했다. 보호자가 없다 보니 토닥거리며 재우고 나서는 다른 환자의 수면을 위해 간호사실 옆 처치실로 이동시켜야 했다.

"나 배고파! 밥 줘!"

환자가 소리지르면 두유를 먹이며 타이르는 일도 반복됐다. 처치실은 늘 자리가 부족했기에 밤만 되면 환자를 복도로 이동시키고 환자 옆 컴퓨터에 자리를 잡고 환자가 진정할 수 있도록 했다. 이런 상황이 환자에게도 미안해서 점차 불만이 쌓여 갔다. 그래서 간호간병통합서비스에 입실이 가능한 환자의 기준이 정해져 있는지 문의를 해 봤다. 돌아온 답변은 과도기라 어느 정도의 기준만 있을 뿐 제재를 가할 순 없다는 것이었다. 대체 이 과도기가 언제까지 지속될 것인지 막막한 느낌이 들었다. 일을 사랑하고 환자들을 잘 돌보고 싶은 마음이 큰 간호사들에게 환경이 버틸 힘을 주지 못하자 간호사들의 불만의 목소리는 높아져 갔다.

그런데 정말 신기하게도 바뀌지 않을 것만 같았던 일이 시간이 지나며 점차 변화되는 것이 느껴졌다. 간호간병통합서비스의 취지에 대해 다른 부서에 계속해서 알리고 목소리를 내다 보니 다른 부서도 움직이기 시작했다. 침상안정 환자들이 많다 보니 장기 재원을 하는 경우도 많았는데 그런 환자에 대한 규정이 정해져 장기 재원 환자는 전실을 올 수 없도록 한 것이었다.

변화가 눈에 보이다 보니 점차 환자를 온전히 볼 수 있게 되었다. 내가 근무한 병원은 간혹 '팀리더'가 있었는데, 팀리더라 함은 담당 환자를 보는 게 아닌 병동 전체 환자들의 상태를 파악하는 가장 연차가 높은 선생님이다. 나는 팀리더 선생님을 바라보며 간호간병통합서비스 초기에 힘들었던 마음 때문에 잠시 잊고 있던 '전인 간호'가 떠올랐다. 그들이 땀흘리며 일하는 모습을 보며 나 또한 내 환자만큼은 최선을 다해 잘 간호하고 싶은 마음이 더욱 굳건해지고 간호에 대한 애정도 커졌다. 간호사라는 집단은 병원시스템에 대한 불만은 있어도 환자를 보는 일에 있어서만큼은 절대 대충은 없다는 생각도 하게 되었다.

어느 날, 회식 자리에서 가볍게 대화를 나누던 중에 간호사로서 보호자나 간병인이 있던 일반병동과 간호간병통합서비스 중 어느 쪽이 더 나은지 서로 의견을 나누게 되었다. 심각하게 논의해 내린 결론은 아니었지만 그곳에 모인 선생님들 대부분 간호간병통합서비스가 더 낫다는 쪽으로 의견을 모았다.

아직까지도 과도기에 불과하지만 시간이 지나면 정책은 현장에 맞게 점차 변화되어 간다고 믿는다. 우리가 몸소 겪으며 간호간병통합서비스를 원하게 되었고 그만큼 신입 간호사들에게 이 병동을 추천하는 선배 간호사도 늘었다. 이런 날이 온 것이 나는 그저 감사하고 신기할 따름이다.

아직은 갈 길이 멀지만 변화하는 시스템과 조금씩 높아지는 만족감을 체감하며, 긍정적인 변화에 감사하곤 했다.

엄마! 움직여?

엄마 옆에 딱 붙어서 안 떨어지는 5살 꼬마가 있었다. 아이는 내가 다가가면 입을 삐쭉 내밀고는 이렇게 말했다.

"엄마가 저랑 안 놀아 줘요."

옆에서 눈만 껌벅거리고 있는 환자는 이 꼬마의 엄마다. 환자는 처음 보았을 때부터 말수는 적었지만 가족들과는 대화도 나누고 식사도 잘 하는 상태였다. 그녀의 시선은 늘 아이를 향해 있었고 아이가 유치원에 간 사이에는 한참 동안 아이의 사진에 시선이 머물러 있곤 했다. 그녀는 암이 뇌에 전이되고 있었기에 점차 행동은 느려졌고 어느 순간 말을 하지 못했다. 아이만 바라보던 눈은 어디 가고 아이가 옆에 있어도 멍하니 허공을 응시할 뿐이었다. 수저를 들고 밥은 먹어도 위태로웠다. 그녀의 뇌는 점차 암에게 빼앗겨 어느 순간 아무것도 할 수 없게 되었다.

"엄마! 왜 계속 졸려해? 미워!"

아이는 서운함에 투정을 부리기도 했다. 그럴 때면 미동도 없던 그녀가 슬쩍 아이를 바라볼 뿐이었다. 아이는 알고 있었을까, 엄마가 많이 아프다는 걸.

아이는 엄마가 숟가락을 못 드는 모습을 보고, "왜 밥 안 먹어? 맛없을 것 같아? 맛있는데?" 하고 엄마한테 삐졌다며 삐쭉삐쭉 대다가 시간이 지나면 또 언제 그랬냐는 듯 엄마 옆에 꼭 붙어서 계속 말을 걸었다. 천방지축 복도를 오가고 간호사에게도 거리낌 없이 다가와 머리를 묶어 달라기도 하는 해맑은 아이였다. 그 아이 한 명으로 인해 병실이 밝아진 느낌이었다.

그녀의 치료는 계속됐다. 방사선치료 후에는 눈을 뜨기 힘들 정도로 컨디션이 악화되기도 했으나, 신기하게도 치료를 하면 할수록 다른 변화는 없지만 아이에게 시선이 더 오래 머무르는 것이 보였다. 모성애였을까? 아이를 인지하고 있는 걸까? 움직이지 않는 몸 안에서 그녀는 어떤 생각을 하고 있을까?

치료시간이 길어져만 가던 어느 날이었다.

"환자분, 제 손 좀 쥐어 보세요."

힘이 들어갔다. 순간 놀랐다.

"환자분, 손을 들어 보시겠어요?"

왼손을 머리까지 올렸다.

"저 누군지 아시겠어요?"

"간호사."

얼마 만의 대답이며 얼마 만의 움직임인가!

기적 같았다. 믿기지 않았다. 그날 그녀의 호전에 다들 놀라워했다. 물도 스스로 마시기에 식사를 시작해 보기로 했다. 그녀는 숟가락을 들고 스스로 미음을 먹었다. 절반은 흘렸지만 분명 숟가락질을 하고 있었다. 주변에서도 놀라움과 기쁨을 금치 못했다.

그날 그녀의 아이가 하원하고 오자 나는 아이에게 말을 건넸다.

"다녀왔습니다, 해 볼까요?"

아이는 우렁차게 답했다.

"다녀왔습니다!"

그녀는 대답하지 않은 채 아이를 지그시 바라봤다. 그리고 몇 초 뒤 고개를 천천히 끄덕이기 시작했다.

"엄마! 오늘 나 유치원에서 친구랑 게임했어!"

아이는 평소와 다를 바 없다는 듯 엄마 옆에 앉아 그날 있었던 일들을 말하기 시작했다. 그러다 그녀가 두손으로 물병을 잡고 아이에게 마시라는 듯 내밀었다.

"엄마, 움직여?"

그동안 아이는 몰랐던 게 아니었다. 엄마가 움직일 수 없다는 것도 알고 있었다. 신기한 듯 눈을 껌벅이는 아이를 보면서 나는 생각했다.

'어디까지 알고 있었던 걸까. 마음이 아프진 않았을까? 어떤 생각을 갖고 있었을까? 너무 어린 아이라, 인지하지 못한다고 생각한 건 내 착각이었을까?'

그날 아이는 더 신이 났는지 내가 병실에만 들어가면 내 옆으로 와 꼭 붙어 웃어보이곤 다시 엄마에게 가서 붙어 있기를 반복했다. 그녀는 점차 손에 힘을 길러 갔고, 미음을 떼고 죽을 먹기 시작했으며 한 그릇을 다 비우곤 했다.

드디어 퇴원 일정이 나왔다. 암 병동에서는 사실상 호전되어 퇴원하는 것보다는 현상 유지나 악화되는 경우가 더 많기 때문에 그녀의 변화는 실로 놀랍고도 감사한 결과였다. 늘 엄마바라기였던 아이와, 아이를 바라보던 그녀의 눈빛을 떠올리면 이 순간들이 더욱 감사했다.

"조심히 들어가세요!"

나는 진심으로 그녀가 행복하길 바라는 마음을 담아 배웅해 주었다. 그 이후 그녀는 다시 입원 오지 않았다. 병원을 옮겼을 수도 있고, 상태가 호전되어 열심히 일상을 살고 있을 수도 있으며, 어쩌면 하늘에서 아이를 보고 있을 수도 있다. 그러나 다시 돌아오지 않는 환자들이 떠오를 때면 나는 이렇게 생각하기로 했다.

'행복하게 잘 살고 계시겠지.'

근무하며 종종 환자와 보호자의 마음은 어떨까를 생각하곤 한다. 하지만 그런 생각이 들 때면 억지로 지우려고 애썼다. 가끔은 그런 상상 속에 마음이 아려올 때도 있었기 때문이다. 감정이입, 역지사지는 때론 슬프게도 독이 된다고 생각하기에 적당한 감정선의 조절이 필요했고 마음이 단단해져야 했다.

나는 책임져야 할 환자들이 있는 간호사이기에.

80살 동생, 20살 언니

"언니! 언니!"

작은 체구의 80대 환자의 외침이 병동을 울렸다.

처음 그 환자가 휠체어를 타고 내원했던 때가 떠오른다. 도도한 표정, 눈빛과는 다르게 따뜻한 이야기를 많이 나누었던 그때….

입원 후 어느 순간부터 환자의 의식은 점차 흐려져 갔다. 라운딩을 돌면서 흔들어 깨우며, "계속 잠이 와요?"라고 물으면, "응." 하고 짧은 대답만 내뱉을 뿐이었다. 그런데 투석을 계속하면서 점차 환자의 의식이 돌아오기 시작했다. 이전처럼 온전한 대화가 이루어지지는 못했지만 의사표시는 분명하게 했다. 그러나 그때부터 환자는 근처에만 가도 꼬집거나 물고, 발로 차는 행동을 종종 보이기 시작했다. 병이라는 게 사람을 변화시킨 것이다.

하루는 내 손을 잡길래 무슨 상황인가 싶었는데 갑자기 손가락을 깨무는 것이었다.

“아!! 환자분, 깨물면 어떡해요!”

그 무렵 환자에게 물려 손가락이 절단된 의료진이 있었기에 화들짝 놀라며 힘을 줘서 손가락을 빼냈다. 의식이 없는 환자가 손을 무는 건 종종 있는 일이었지만, 의식이 없다고 말하기 어려운 환자가 아무렇지 않게 손을 무는 것은 드문 일이었다. 그리고 뭐가 그렇게 재밌는지 환자는 웃기 시작했다.

“환자분, 정말 이러시면 병원에 있기 힘드세요!”

환자의 정신이 온전하지 않음을 알고 있지만 물린 손가락을 보며 놀란 가슴을 쓸어내렸다. 그 이후에도 나뿐만 아니라 다른 간호사들도 물리는 일이 자주 발생해, 환자와의 관계가 애증의 관계로 변해 가고 있었다. 인계 시간마다, “물리지 않도록 조심하세요. 발차기도 종종 하십니다.”라는 말이 끊이지 않았다.

이러한 상황이 반복되며 애증의 관계가 지속될 줄로 알았지만 또다시 환자의 의식은 희미해져 갔다. 그러다 어느 순간 짧은 대답도 들을 수 없게 되었다. 흔들어 깨우면 짧은 대답을 하기도 했었는데 이제는 깊은 잠에 든 듯 어떠한 반응도 없었다. 라운딩을 돌다 자고 있는 환자를 볼 때마다 살며시 환자의 손을 잡고 생각했다. ‘장난쳐도 되니까 일어만 나세요….’

보호자들은 치료를 포기하지 않고 계속 노력했고, 간호사들도 담당이 아닐 때도 챙기곤 했다. 우리의 기원이 통한 걸까? 다시 한 번 의식이 돌아왔다! 하지만 이전과는 또 달랐다. 아이 같이 '언니! 언니!' 하며 나를 찾았고, 밤만 되면 더 나를 찾았다.

"언니, 우리 소풍 가자! 소풍 가자!"

"일찍 자야 내일 소풍을 가죠. 이제 자야죠?"

"그럼 빨리 자야겠다! 언니랑 내일 소풍 가는 거야!"

그녀는 설레 보이는 눈과 해맑은 미소를 보냈다. 그리고 다음 날 아침이 되면 소풍은 잊고 다른 이야기를 했다.

"○○ 과자 맛있는데, 그거 먹었어 언니? 언니 나한테도 와!"

정말 감사하게도 점차 병세가 호전되었고 처음 입원 올 때처럼 온전치는 않았지만 어느 정도 대화도 가능해졌다. 그런데 내가 있는 병원은 3차 병원이기에 재원 기간을 마냥 길게 할 수 없어서 전원을 해야만 했다.

"언니! 나 이제 다른 곳 간대. 언니 동생 사이로 지내게 휴대폰 번호 좀 줘 봐. 진짜 가끔 연락할게."

괜스레 웃음이 났다.

일 년 넘게 병원 입·퇴원을 반복하며 정이 많이 들어, 환자가 떠나던 날은 담당 간호사가 아닌 간호사들과도 작별 인사를 나누었다. 그리고 환자가 전원 간 후에도 가끔씩 떠올라, '또 입원 오시겠지? 그땐 어떤 모습일까?'를 생각해 보기도 했다. 시간이 지나도 입원을 오지 않아서 입원 예정을 살펴보다 순간 움찔했다.

– 사망 –

기분이 묘했다….

"나 왔어 언니!"

지금이라도 80세 동생이 20대 언니에게 해맑은 모습으로 인사를 건넬 것만 같은데 이제는 볼 수 없다. 애증의 관계였지만 우리는 언니-동생 사이로 정이 들었던 걸까. 지금은 그곳에서 소풍도 가고 좋은 사람들과 재밌게 놀고 계실까. 미운 정, 고운 정 함께 나눴던 지난 시간들을 추억처럼 가슴에 묻고 지금도 종종 떠올린다. 동생의 해맑던 웃음을.

제발, 제발, 제발…

죽음을 예측한다는 건 좋은 걸까? 가끔 의문이 가곤 한다. 암이 전이 되고 투병생활이 길어지다 보면 환자도 보호자도 죽음을 예측하곤 한다. 그러면서 점차 마음의 준비를 한다. 그 기간 동안 간호사인 나도 역시, 환자를 떠나보낼 수도 있음을 생각하며 마음을 준비하기도 한다.

한 혈액암 환자가 있었다. 겉으로는 암 환자로 보이지 않고 평범한 아저씨처럼 보였다. 간혹 내 나이또래의 딸들이 면회를 오곤 했는데 그럴 때면, "아빠, 오늘은 있잖아…." 하며 여느 가족과 같이 대화를 나누는 모습에 종종 나도 나의 아버지를 떠올리곤 했다. 그렇게 1년 넘게 그 환자를 봐 왔다.

그날은 여느 날처럼 항암치료가 끝나고 퇴원 일정 조정까지 한 상태로 내일이 되면 퇴원을 하시겠지 하는 생각뿐이었다. 나이트 근무 중에 라운딩을 도는데 방에 들어가자마자 가쁜 숨소리가 들려와 소리를 따라가니 혈액암 환자의 숨소리였다.

"환자분, 환자분!"

제법 세게 흔들며 불러 옆에서 엎드려 자고 있던 딸이 놀라서 깼지만 그의 눈은 천천히 떴다 감았다만 반복할 뿐 뚜렷한 반응이 없었다. 그 와중에 환자가 손을 들다 가지고 있던 중심정맥관까지 빠져 출혈이 발생했다. 이 환자는 혈소판 수치가 정상수치의 5분의 1도 안 되는 상태였기 때문에 출혈이 멈출 리가 없었다. 나는 즉시 압박하며 콜벨을 눌렀다.

"도와주세요! 산소 준비해 주시고요!"

순식간에 달려온 간호사들과 처치실로 환자를 급히 이동시켰다. 그러자 딸이 놀란 눈을 하며 오열하기 시작했다.

"아빠 안 돼! 제발 안 돼! 제발!!"

환자의 딸은 그렇게 목놓아 아빠를 부르며 이동하는 침상을 따라왔지만 처치실 안에는 보호자가 들어올 수 없었다.

"보호자분, 처치실 밖에서 기다려 주세요. 들어오시면 안 돼요."

문을 닫으려는 찰나였다.

"제발요, 제발 우리 아빠 정말 안 돼요, 선생님…."

듣고 말았다, 그 간절함을. 처치실 문을 닫고 나도 모르게, '제발….' 이라는 말이 입 밖으로 새어 나왔다. 모든 간호사들이 손을 재빠르게 움직였다. 딸의 마음을 알기에, 이 사람이 누군가의 소중한 가족임을 알기에 우리도 너무나 간절했다.

산소 수치 70%. 산소 농도를 올리며 환자에게 짧은 시간에 많은 치료제들이 연결되었지만 가쁜 숨을 몰아쉬던 환자는 어느 순간 숨을 쉬지 않기 시작했다. 환자의 혈액검사 수치는 늘 위태로웠어도 그날이 그 환자의 마지막일 거라곤 생각하지 못했다. 의료진들이 달려와 인공기도삽관을 시도했다. 급박하게 물품 및 오더를 주고받느라 큰소리가 나는 바쁜 상황이었지만 우리는 할 수 있는 최대한의 노력을 쏟으며 분투했다.

그러나 끝내 환자의 심장은 다시 뛰지 않았다. 의사가 보호자들에게 소생 가능성이 희박함을 알리자, 환자가 돌아오지 않을 것을 직감한 보호자들도 더이상의 소생술을 원하지 않았다.

우리는 이제 그를 보내야만 했다. 환자가 가지고 있던 삽관 도구를 정리하고 사후 강직 전에 환자의 몸을 펴면서도 나는 믿기지 않았다. 최선을 다했지만 처치실 밖에서 들리는 자녀들의 처절한 울음소리에

문을 열 용기도 나지 않았다. 나는 환자 가족에게 이 상황을 마주하게 하고 싶지 않아 환자 몸부터 얼굴까지 흰 천을 덮고 처치실 문을 열었다. 환자를 마주한 보호자들은 찢기는 듯한 목소리로 오열했다.

"내가 아직 못한 게 너무 많은데 아빠!! 진짜 미안해 아빠!! 지금은 안 돼…."

그런 한마디 한마디가 내 마음을 파고드는 것 같았다.

내가 간호사 3년 차가 되던 어느 날, 어머니로부터 아버지의 컨디션이 좋지 않아 검진을 받아 보면 좋겠다는 이야기를 들었다. 평소 본가에 잘 가지 못했기에 얼만큼 불편하신지 몰라 죄송스런 마음이었고 그렇게 아버지는 딸이 일하는 병원에서 검진을 받게 되었다. 며칠 후 검진 결과가 나왔다고 해서 별 생각 없이 결과를 들으러 갔는데, 의사의 표정이 좋지 않았다.

"암입니다. 근데 현재 상태가 좋지 않아 수술이 예상됩니다. 전이가 됐을 확률이 높네요. 수술뿐만 아니라 약물과 방사선치료도 같이 들어가야 할 것 같습니다."

그렇다. 내 아버지도 암을 진단받았다. 당시 암 병동 간호사 3년 차였던 내가 알아채지 못했단 죄책감에 병원 1층 로비에서 하염없이 눈물을 흘렸다. 그리고 아버지께 전화를 걸었다.

"아빠, 결과가 나왔는데 암이래요."

"아빠 괜찮으니까 울지 말고 속상해하지 말고, 치료하면 된다."

아버지는 놀라우리만큼 담담하게 말씀하셨다. 결국 전이 가능성도 높다고 하여 더 전문적으로 수술하는 곳을 찾아 병원까지 옮겼다. 그때 병원에서 암 환자들의 죽음을 보고, 힘겨워하는 환자를 간호하고, 퇴근하면 아버지께 가야 했다. 늘 슈퍼맨 같았던 아버지였는데 얼굴과 몸이 퉁퉁 붓고 음식도 자유롭게 드시지 못하는 모습을 보니, 이제는 내가 챙겨 줄 게 많다고 느꼈다. 방사선치료를 위해 1인실로 옮겨졌을 때는 안에 들어갈 수도 없었다. 옆에서 간호를 할 수 있다면 마음이라도 더 편할 텐데 그럴 수 없어 마음은 더욱 타들어 갔다. 아버지가 신경도 날카로워지고 병원 생활을 답답해하신다는 이야기를 들을 때면 속상한 마음이 물밀듯 밀려왔다.

다행히도 내게 너무나 소중한 나의 아버지는 완치가 되어 다시 슈퍼맨으로 돌아왔다. 하지만 그 시기엔 병원에 계신 아버지가 떠올라 간호사인 나도 마음이 너무 아프고 불안정했다. 나조차도 마음을 정리할 시간이 없었던 것이다. 보호자들이 슬퍼하는 동안 서류 정리를 해야 했지만 그날만큼은 수많은 죽음을 봐 온 내게도 힘든 시간이었다. 감정이입을 해서는 안 됐는데 아버지 생각이 나서 두렵고 힘들었다. 평소에는 간호사인 나와 한 인간으로서의 내가 분리된 것처럼 죽음에 담담하려 노력했지만 그날만은 그러기 힘들었다. 마스크를 눈 밑까지 착용하고 쉴 새 없이 흐르는 눈물로 마스크를 적시며 숨죽여 흐느끼고 있었다. 결국 화장실로 들어가 소리 없이 눈물을 하염없이 흘리고 다시 눈 밑까지 마스크를 쓰고 나왔다. 미칠 것 같았다. 무언가가 마음을 들쑤시는 것 같은데 그렇다고 계속 힘겨워하고 있을 수만은 없었다. 내가 눈물 흘린 것을 누구에게 보여도 좋을 건 없었다. 동료들에게도 티낼 수 없었다. 또 환자를 봐야 했다. 내가 책임져야 할 환자들, 누군가의 소중한 사람, 난 그들을 지켜 내야 했다.

그렇게 평정심을 찾으려 했다. 보호자들이 차츰 진정되어 갈 때 나는 담담한 목소리로 서류와 영안실 안내를 마쳤다. 나도 정말 간절했는데 끝내 보내드려야만 했던 환자, 딸들의 오열…. 그날의 후폭풍은 며칠이 지나도록 이어졌다.

그 이후에도 난 암 환자 간호를 하면서 '제발'을 몇 번이고 마음속에 새기며 항상 최선을 다하려 했다. 간호사도 사람이기에 누군가의 소중한 가족을 지키고 싶은 마음으로 더 달려들게 되는 것은 어쩔 수 없다.

제가 잘못했어요!

나이트 근무 중에 라운딩을 돌다가 다음 날 퇴원 예정인 환자가 상의를 벗고 누워 있는 것을 발견하고는 환자를 깨웠다.

"더우세요?"

"그냥 좀 답답해서요."

대답을 하는 그의 입술 색이 창백하다는 느낌을 받았다. 혹시나 하는 마음으로 모니터를 가져와서 산소 수치를 측정해 보니 SpO_2 65%(정상 95~100%)가 나왔다. 저산소혈증이었다. 바로 콜벨을 눌러 도움을 요청했다. 산소 수치가 이렇게 낮으면 힘들 텐데 환자는 처치실로 이동하면서도 별 미동이 없었다. 의사가 산소마스크를 최대농도로 투여해 보았지만 환자의 산소 수치는 80% 정도에서 더이상 오를 기미를 보이지 않았다. 결국 고유량 산소를 제공하며 환자의 산소 수치를 가까스로 끌어올렸다.

"아까보단 나은데 저 숨쉬는 게 많이 답답한 것 같아요."

바로 다음 날 아침이면 퇴원할 환자였기에 누구도 예상하지 못했던 일이었다. 그 환자는 항상 항암 후에 퇴원을 하곤 했는데 이번에는 퇴원 중단과 함께 고유량 산소치료를 받으며 입원 기간이 점차 연장되었다. 폐가 제기능을 할 수 없었기에 환자는 늘 답답하다는 말을 반복했고 입원 2주가 넘어가자 산소마스크를 잡아 빼기 시작했다.

그날은 중증도가 높은 환자들을 보느라 정신없이 바쁜 나이트 근무 중이라 산소마스크를 잡아 빼는 걸 막고만 있을 수 없고 계속 지켜볼 수도 없어 보호자의 유선 동의하에 억제대를 적용했다. 그러자 평소 신사 같고 조용하던 환자가 강하게 분노를 표출했고 너무 흥분한 나머지 과호흡을 했다. 결국 억제대 적용은 하지 못하고 산소마스크를 빼려고 하는 걸 볼 때마다 막으면서 다른 환자들을 간호해야 했다. 정신없이 뛰어다니던 중 또다시 산소마스크를 빼려는 걸 발견하고 그에게 다가갔다.

"환자분, 이거 빼시면 절대 안 돼요. 숨 못 쉴 수도 있어요."

수차 반복된 권유에도 불구하고 환자는 번번이 마스크를 빼려고 하며 애를 태웠다. 새벽 4시가 넘어갈 때쯤 지칠 대로 지쳐 버린 나는 평소의 단호한 말투 정도로 끝내지 못하고 결국 큰소리를 내고야 말았다.

"환자분, 저 너무 힘들어요. 제발 산소 빼지 마세요. 숨쉬고 사셔야죠!"

내가 낸 큰소리에 나조차도 당황했고, 환자도 아무 말 못한 채 눈을 깜박이며 나를 바라보기만 했다.

끝날 것 같지 않았던 그날의 나이트 근무가 끝나고, 나는 곧장 귀가해 쓰러지듯 잠이 들었다. 한참을 자다 오후 4시쯤 눈을 떠 휴대폰을 보니 데이 근무번 선생님께 메시지가 와 있었다.

'진선아, 그 환자 임종하셨다.'

감정을 느끼기도 전에 눈물이 먼저 떨어졌다.

"아, 죄송해서 어떡해. 진짜 죄송해서 어떡해…."

나도 모르게 혼잣말이 나왔다.

죽음 직전에 오죽 답답했으면, 숨이 얼마나 막혔으면, 고유량 산소가 얼마나 힘들었으면 그랬을까. 죽음의 문턱에 있던 환자에게 화를 낸 것만 같아 죄책감에 미칠 것 같았다. 환자들에게 친절한 간호사가 되겠다는 내 다짐이 무너진 것만 같아 마음이 아팠다.

다음 날, 병동 선생님과 이야기를 나눴다.

"제가 어제 나이트 근무하면서 그 환자한테 화냈는데 너무 미안해서 저 어떡해요. 진짜 저 간호사 하면 안 되나 봐요."

"아니야. 너 근무 때 정말 많이 바빴고 너도 사람인데 어떻게 한결같을 수 있겠니. 너도 이해할 수 있다."

선생님의 위로에도 마음 한편이 계속 불편했다. 그러나, 죄책감을 갖기 시작하면 한없이 내가 미울 것 같았다. 결국 이 일이 간호사로 근무하는 내게 엄청난 터닝 포인트로 작용했다.

'환자들에게 감정적으로 대하지 말 것.'

그 이후부터는 아무리 극한 상황이 와도 차분하게 조치를 취했다. 죽음 뒤에는 후회가 남는다. 최선을 다했어도 후회가 남곤 한다. 그 감정을 알기에, 더 후회하지 않기 위해, 나는 노력을 게을리할 수 없었다.

뽕짝이 듣고 싶어요

암 병동에 들어오기 전에는 암 병동은 항암치료를 하는 곳, 임종간호가 필요한 곳 정도로 생각했다. 그런데 막상 혈액종양내과에 오니 항암치료라는 것도 컨디션이 어느 정도는 뒷받침돼야 할 수 있다는 것을 알게 되었다. 그러다 보니 항암을 할 수 있다는 것만으로도 벅차하는 환자를 보기도 하고, 그 벅찬 감동이 오래가지 못하는 경우도 보게 되었다. 항암치료를 하는 동안 혈액검사 수치가 많이 떨어지거나 컨디션의 변화가 오면 항암을 중단하기도 하고, 항암치료가 효과가 없어 계속해서 약제를 바꾸다가 항암을 중단하는 경우도 있기 때문이다.

항암치료 중단 후에는 삶의 질을 위해 보존적인 치료를 지속한다. 크게 다를 것 없는 일상들이 반복되기도 하지만, 배와 가슴에 물이 차고 온몸이 부어 움직일 수 없게 되는 경우도 있다. 수많은 관과 모니터를 달고 천장만 멍하니 바라보는 환자들도 있고, 간호하는 보호자와 서서히 마지막을 준비하는 환자들도 있다. 우리는 그러한 환자들의 삶의 질을 조금이라도 더 높이기 위한 노력을 하는 사람들이었다.

어느 날이었다. 병실 라운딩을 돌며 한 명씩 살피다가 초점 없이 허공을 응시하는 한 환자에게 다가갔다. 혈액검사 결과만 봤을 때는 간 수치가 심각하게 상승되어 있어 그로 인해 치료는 한계에 부딪힌 듯했다.

"환자분, 어디 불편한 곳은 없으세요? 가장 아픈 곳은 어디세요?"

나는 목소리 톤 변화 없이 말을 이어 나가며 환자가 가지고 있는 수많은 모니터와 배액관을 정리하기에 정신이 없었다. 애초에 환자의 답변이 돌아오지 않을 것을 아는 사람처럼 말이다. 그때였다.

"저, 저기요."

희미한 목소리였다. 놀란 눈으로 환자에게 다가가, "네, 말씀하세요. 어디가 아프세요?"라고 물었다.

"아니요, 제가요, 뽕짝이 듣고 싶어요."

처음에는 당황스러운 감정이 먼저 들었지만 환자의 초점 없는 눈동자를 마주하고 나는 다시 입을 열었다.

"어떤 가수 좋아하세요?"

나는 환자의 부탁을 들어주고 싶어 환자가 좋아하는 가수의 메들리를 찾아 몇 시간 동안 반복 재생을 해 두고 병실을 나왔다. 몇 분 뒤 그 환자에게 다시 가 보니 지난 몇 개월 동안 보지 못했던 희미한 미소가 얼굴에 번져 있었고 소소한 행복을 누리는 듯 옅게 눈을 깜박이는 모습도 보였다. 나는 다음 번 선생님에게 이 부분에 대한 인계도 진행하였고 그렇게 며칠 동안 그 환자는 트로트를 들을 수 있었다.

그러던 어느 날 환자가 내게 말을 걸었다.

"선생님 제 자리에 양말이 있는데 양말 좀 가져다 주시겠어요? 저 좀 앉혀 주세요."

평소와는 달랐다. 앉을 수도 없을 것 같던 환자가 앉고 양말도 스스로 신겠다고 했다. 몇 개월 동안 봐 왔고 기저귀 교환하는 데도 두 명이 함께해야 했기에 그의 행동은 기적이나 다름없었다. 그리고 그는 조용한 목소리로 나를 불렀다.

"선생님, 감사했습니다. 감사합니다. 감사합니다. 감사합니다…."

온몸이 황달로 인해 누렇게 변한 그에게 신겨진 양말을 바라보며 묘한 감정에 휩싸였고, 몇 번이고 인사를 반복하는 그의 목소리를 듣자 먹먹한 마음이 들었다.

간호간병통합서비스 병동에 있게 된 후 그의 가족은 방문하지 않았기 때문에 그는 항상 간호사들과 함께했다. 병원에 올 수가 없다는 보호자 때문에 쓸쓸히 죽을 고비를 넘긴 적도 여러 번이었다.

하지만 이번에는 심상치 않았다. 갑자기 모니터 속 환자의 심장 리듬이 빠르게 변하며 요동치기 시작했다. 나는 서둘러 보호자에게 연락해 임종이 얼마 남지 않았음을 알렸다. 마지막은 봐야 하지 않겠냐는 말에 수화기 너머로 흐느끼는 목소리가 들려왔지만 그 사이 그의 심박동은 더 천천히 뛰기 시작했고, 그렇게 간호사들이 지켜보는 가운데 그의 심장은 멈췄다.

보호자 없이 숨을 거둔 그의 마지막은 너무 쓸쓸해 보였다. 병원에 있다 보면 환자들의 가족사까지 접하게 되는 일이 대부분인데 이 환자에게서는 그럴 기회가 없었다.

'어떤 가족사가 있었던 걸까. 왜 마지막까지 쓸쓸하게 떠나갔을까.'

혼자 생각에 잠겨 환자의 환의를 교환하고 정돈을 하고 나서 10분 정도 흘렀을까, 20대 정도 되어 보이는 보호자가 도착했다.

"제가 아빠의 유일한 보호자예요."

환자의 딸은 쓸쓸히 떠나가 버린 아빠 옆에서 통곡하기 시작했다. 우리는 처치실 문을 닫고 슬퍼할 시간을 주었다. 한참 후 딸이 내게 와 물었다.

"저희 아빠 마지막은 어떠셨나요? 너무 고통스러워하진 않았나요? 제가 옆에 있을 수가 없었어요. 제가 생계를 책임져야 했기에 옆에 있을 수가 없었어요."

무슨 사연이었는지 같은 말을 반복하며 슬퍼하는 그녀에게 내가 해줄 수 있는 말은 많지 않았다.

"환자분 마지막 가시는 길에 혼자 양말도 신으시고 준비하시다가 편안하게 눈감으셨어요. 제가 옆에 있었습니다. 어떤 가수를 좋아하셨는데 트로트를 들으면서 가끔 웃기도 하셨어요."

대답을 들은 그녀는 다시 한참 동안 목메어 울다 눈물을 머금은 채 내게 말했다.

"제가 옆에 있을 수 없었는데 너무 감사합니다…. 선생님, 너무 감사해요. 정말 감사해요…."

출근길에 종종 초콜릿이 먹고 싶어 편의점에 들르곤 한다. 그럴 때면 편의점 아르바이트생은 계산을 하고 나가는 내게 들릴 듯 말 듯 "감사합니다."라는 말을 하곤 한다. 우리는 일상을 살면서 "감사합니다."라는 말을 수없이 듣고 또 하게 되지만 대부분은 그저 가볍게 지나가는 인사말일 뿐이다.

하지만 환자들이 마른 입으로 힘겹게 하는 감사의 표현과 보호자들의 눈물어린 감사의 말을 듣고 있자면, 보통의 그것과는 분명 다른 깊이와 무게를 느끼게 된다. 감사하다는 한마디가 내 마음을 울리기도 한다.

진심 어린 "감사합니다."라는 말을 들을 수 있는 직업, 간호사. 이것도 이 일의 가치가 아닐까, 그 가치가 하루하루 간호사를 지속하게 하는 원동력이 되지 않았을까 하는 생각을 종종 해 보곤 한다.

두 얼굴을 만든 병

혈액종양내과에는 항암치료를 위해서 주기적으로 내원하는 환자도 있다.

그녀가 그랬다. 곱게 단장한 모습으로 주변 환자들까지 살뜰히 챙기는 그녀는 늘 다정다감한 아내, 온화한 엄마의 모습이었다. 2주마다 항암치료를 위해 내원하며 점차 친해지게 되면서 간호사들에게도 늘 고생이 많다며 잔잔한 미소를 지어 주는 선한 분이었다. 그런데 한동안 입원하지 않았고, 그 기간은 몇 달이 되고 있었다.

한참 만에 내원한 그녀는 이전에 내가 알던 것과는 전혀 다른 모습으로 나타났다. 피부는 누런 빛을 띄었으며 눈에는 초점도 없고 안절부절하는 것이 불안해 보였다. 내원하지 않았던 몇 개월 동안 항암치료를 할 수 있도록 지속적으로 시도는 하였으나 컨디션이 따라 주지 못해 치료를 진행하지 못했고, 지금까지 진행했던 항암치료도 효과가 없었던 것이다. 게다가 암이 뇌에 전이 되어 전혀 다른 사람이 되어 있었다.

"저기요!! 놔! 나 저기 갈 거야!!"

행동 절제가 되지 않았다. 이전에 항암을 받으며 가끔 절망적인 이야기를 들어도 화목해 보였던 가족의 모습은 찾아볼 수 없었고, 환자의 행동을 컨트롤하려는 데 안간힘을 쓰고 있었다. 쓰레기통만 보이면 뒤지려 했고 여기저기 다른 환자들 자리에 있는 음식을 먹었으며 처음 보는 환자에게, "아버지!"라며 붙잡고 놓지 않는 일도 빈번했다.

"제발 자리로 돌아가자."

남편이 타이르며 제지하려 해도 완강한 모습이었다. 원래 이런 분이 아닌데 병이 사람을 변화시킨 것이다. 그녀는 점차 옛 모습까지도 잃어갔다. 머리카락은 전부 빠졌고 몸이 퉁퉁 부은 상태였다. 그 모습을 보고 있자니 마음 한 구석이 아파 왔다.

한번은 횡설수설하며 병동을 돌아다니는 그녀를 잡고 다독이다가 남편이 "제발! 제발…."하며 그녀의 손을 붙잡고 흐느끼며 울었다. 가족들의 흐느낌을 보면서 나도 마음이 아팠지만 환자는 그것조차 인식하지 못했다. 아내를 데리고 자리에 돌아오면 남편의 손은 다시 바빠졌다. 언제 속상했냐는 듯 남편은 뭐라도 먹자며 과일을 잘게 썰어 조금씩 먹이려 했다. 환자가 이내 뱉어 내고 손으로 짓이기며 갖고 놀면 남편은 다시 물티슈로 손을 닦아 주었다.

지극정성으로 간병하던 보호자들은 힘든 상황에서도 포기하지 않고 치료를 계속하길 원했다. 치료를 하기에 환자의 컨디션이 좋진 않았지만 뇌전이는 막아야 했기에 결국 방사선치료를 진행했다. 방사선치료가 위험하기도 하지만 때로는 드라마틱한 효과를 보이기도 하여 결과는 좋았다. 어느 날 출근을 하니, 횡설수설하던 그녀의 모습은 더이상 보이지 않았고 온전치는 않았지만 의사 표현을 하며 가족들과 대화하는 모습을 볼 수 있었다.

그러나 얼마 안 가 극심한 통증을 호소하며 잠도 못 자고 뒤척였다. 그녀도 힘들었지만 그녀를 지켜보는 가족들의 눈동자가 더욱 슬퍼 보였다. 가족들은 치료 지속 여부에 대해 결단을 내려야 했고, 결국 추가적인 치료는 거부하고 마약성 진통제를 높이는 방향을 선택했다. 그로 인해 진통제의 농도 및 속도가 점차 높아지자 간호사들도 환자의 호흡수가 불안정해질까 봐 노심초사하며 그녀의 곁을 지켰다.

환자는 말수도 점차 줄고 이전처럼 걸을 힘도 없어 보였다. 간이 좋지 않았기에 발바닥까지 퉁퉁 붓고 피부는 갈라졌으며 가려움을 호소했다. 교수진이 환자를 보기 위해 오자 그녀는 가쁜 숨을 몰며 입을 열었다.

"죽기 전에 한 번만 집에 다녀오고 싶어요."

그녀가 유언하듯 말하자 보호자들도 마지막 소원을 꼭 들어주고 싶다고 했다. 단 몇 시간만이라도 오랜 기간을 지내 왔던 집을 한번 둘러 보게 해 주고 싶어했다. 그 마음은 너무나 잘 알지만 지금같이 위태로운 상황에서 환자를 병원 밖으로 내보낸다는 건 의료진으로서 쉽지 않은 결정이었다. 그러나 결국 보호자들의 강한 요구에 의해 몸에 맞던 주사액을 응급차에 모두 싣고 의료진 동행 하에 단 몇 시간이지만 집에 다녀올 수 있었다.

그러나 오랜 시간 병원에만 있다가 몇 시간을 불편하게 이동해 다녀온 것이라 돌아왔을 때는 이전보다 더 고통스럽고 힘들어 보였다. 마약 농도를 높여도 통증에 힘들어했고 직접 마약 주입까지도 시도했지만 그녀의 온몸과 표정에서 극심한 고통이 고스란히 드러났다. 그러다 고통이 차츰 줄어드는 것처럼 보였을 때 눈에 초점이 없었다. 모든 의료진들도 보호자도 임종이 임박했음을 느꼈다. 임종을 위해 침상은 옮겨졌다. 모든 보호자들이 그녀의 옆에서 흐느끼기 시작했고 미성년자인 자녀들은 이 상황을 믿을 수 없어했다. 슬픔의 표정, 믿을 수 없다는 표정, 체념한 표정 등에서 그들의 감정 변화가 내게 그대로 전해졌다. 그러다 어느 순간, 심장박동은 있지만 이제 어떠한 대화도 되지 않았다.

"엄마!!!"

그녀가 유일하게 반응한 소리였다. 그녀는 이 소리에 잠깐 눈을 뜨고 바라보다가 이내 눈을 감았다. 그리고 심장박동 수는 점차 줄어들어 30회까지 떨어졌다.

몇 년간 간병하면서 마음의 준비를 해 왔을 가족들도, 그녀의 삶이 얼마 남지 않았음을 알고 있던 간호사들도 죽음을 받아들이기란 어려운 일이었다. 가족들이 슬픔에 겨워 오열하는 사이 그녀의 심장은 결국, 멈췄다. 그녀에겐 기나긴 고통의 끝이었지만 남겨진 가족에겐 어쩌면 더욱 큰 고통의 시작과도 같을 것이다.

야속한 병은 사람을 변하게 했고 결국 죽음에 이르게 하며 가족들의 마음을 아프게 했다. 곁에서 모든 걸 지켜봐야 했던 나도 깊은 슬픔을 느꼈지만, 안타깝게 떠난 그녀를 위해 나는 언제까지나 그녀를 선하고 고운 모습으로 기억하려고 한다.

고요한 전쟁터

한번은 이런 질문을 받았다.

"나이트 근무 때는 환자들 다 주무시니까 한결 더 편하지 않나요?"

만일 이 책을 보는 당신이 간호사라면 당황스러운 느낌도 들 것이다.

간호간병통합서비스의 지침에 나이트 전담간호사가 있어야 한다는 조항이 있는 것을 보고, 나는 한 달에 15일이나 쉴 수 있다는 생각에 서둘러 신청했다. 그러나 삼교대를 하는 것과 나이트 근무만 하는 건 차이가 컸다. 신체 리듬이 깨지고 몸이 안 좋아지고 있다는 것이 바로 느껴졌다. 병원에서 나이트 전담을 지속해서 하지 말라고 하는 건 괜히 하는 말이 아니었다.

나이트는 생각보다 할일이 많다. 의사의 오더를 정리하고 다음 날 원활하게 일이 진행될 수 있도록 일련의 간호활동을 해야 하며 낮 동안 하지 못했던 서류작업들을 해야 하는 경우도 많아, 일이 숙달되지 않으면 밤 10시부터 다음 날 아침 7시까지 밥도 먹지 못하고 고군분투해도 일을 끝내지 못하는 때도 있다. 게다가 모든 환자들이 모니터를 연결하고 있는 건 아니라서 환자들이 자고 있을 때 몇 번씩 병동을 돌며 흉곽이 올라오는지로 호흡을 확인하기도 한다. 환자들은 밤에 상태가 안 좋아지는 경우가 많고 심정지 상황도 상대적으로 많다 보니, 고요한 듯하지만 간호사의 손과 눈은 계속 움직여야 했다. 그러다 응급상황이라도 생기면 의료진은 순식간에 환자에게 몰려 소리 없는 전쟁을 치르기 일쑤고, 데이 근무로 새벽같이 출근도장을 찍은 의료진도 처치실의 전쟁 같은 상황을 목격하면 빠르게 환복하고 무조건 달려들곤 했다.

그런 상황이 언제 생길지 모르기에 나이트 근무 때 편안하고 졸리다고 느낀 적은 거의 없었다.

한번은 새벽에 전화벨이 울렸다.

"원무과예요. 지금 응급실에서 환자 올라갈게요."

나에게서 독립한 지 얼마 안 된 신입 간호사가 그 환자를 담당하게 되어서 나도 함께 그 환자를 빠르게 파악하기 시작했다. 반복된 뇌전증(특별한 유발 요인 없이 경련이 반복되는 병)이 있던 환자로 뇌전증을 보이다가 의식소실이 동반되어 응급실을 통해 내원한 젊은 남성이었다. 뇌전증은 발병해도 사실상 주위 안전을 살피는 일 외에는 할 수 있는 치료가 드물다. 그렇기 때문에 입원 오면 환자 상태를 잘 파악하고 살펴야겠단 생각만 있었다. 응급실에서 환자가 올라왔다.

"저녁에 밥 먹고 앉아 있던 것까진 기억이 나는데 그 외에는 기억이 없어요."

환자는 편마비로 살짝 불편해 보이긴 했지만 대화도 잘 되었다.

"지금 다른 데 불편하신 곳은 없으세요?"

"선… 으… 으…."

환자가 갑자기 몸을 배배 꼬기 시작했고 팔이 머리 위로 올라가며 눈이 왼쪽으로 쏠리기 시작했다. 뇌전증 환자를 본 경험은 몇 번 있었으나 갑자기 이런 현상을 본 건 처음이었다. 바로 콜벨을 눌렀다.

"도와주세요. 모니터 준비요!"

바로 간호사들과 침대를 끌고 처치실로 달려가 의사에게 전화를 걸었다. 통화음이 가는 동안에도 다른 간호사들은 움직임이 분주했다.

"호흡수 체크해 주세요."

이미 다른 간호사는 아티반(신경흥분 억제효과) 주사를 준비하고 있었다.

"방금 뇌전증과 의식소실 동반되어 응급실로 내원했다가 병동으로 올라온 ○○○ 환자분 1:20AM 다시 발작 시작했어요. 지금 2분 정도 지속되고 있어요. SpO_2(산소포화도) 70%, RR(호흡수) 6회요."

"O_2(산소) full이죠? 양상 관찰해 줘요. 지금 갈게요."

의사가 도착했을 때 발작은 멈췄으나 호흡수가 돌아오지 않았다. 정상이 16회 이상이지만 환자는 분당 고작 6회~8회였다. 바로 시행한 ABGA(동맥혈가스분석) 검사 결과도 비정상적이었다.

"Intubation(인공기도삽관) 준비할까요?"

"네, 바로 Intubation 합시다."

방금 응급실에서 올라온 환자의 갑작스런 응급상황에 다들 분주했다. 인공기도삽관 후 수많은 주사를 환자의 몸에 연결하고 집중치료실로 이동시켰다. 약 2시간 가량 분주한 시간이 흐르고 또 언제 그랬냐는 듯 병동이 잠잠해졌다.

4시 50분이면 새벽잠이 없는 환자분들은 깨서 복도를 거닐며 인사를 한다. 지난밤에 무슨 일이 벌어진지 모르는 환자들은, "허허, 잘 잤어요."라고 가벼운 인사를 나누곤 한다. 어제의 전쟁터는 큰일을 치른 환자 및 보호자, 의료진들만의 힘겨운 싸움이었다.

인계 후 밀린 업무를 마무리하고 퇴근하면 햇빛이 반기곤 했다. 갑작스럽게 본 햇빛의 강렬함에 눈이 부시고 머리가 살짝 지끈거렸지만, 전쟁을 마치고 집으로 돌아가는 길에 내리쬐는 볕의 따사로움에 감사하기도 했다.

간호복은 슈퍼맨 옷

데이 근무(5AM 출근) 전날은 저녁 9시부터 침대에 누웠다. 새벽 출근에 대한 부담감이 커서 알람을 몇 분 간격으로 여러 개를 맞춰 놓곤 했다. 새벽에 알람이 울리면 잠시 뒤척이다가 놀란 마음에 번쩍 눈을 뜨고 허둥지둥 준비해서 출근길에 오른다. 아침형 인간과는 거리가 멀다고 생각했는데 3교대를 하다 보니 데이 근무가 있는 날 아침형 인간처럼 일어나야 하는 것은 어쩔 수 없었다. 병원 건물에 들어서기 전까지, '출근을 꼭 해야 하나, 오늘 바쁘면 어쩌지? 그 환자는 괜찮을까?' 하며 별의별 생각과 걱정을 다하다가도 막상 병원에 들어가면 달라졌다. 탈의실에서 근무복으로 갈아입고 머리를 질끈 묶으면 이전의 나와는 다른 나로 변신하는 것 같았다. 그러면 근거 없는 용기가 샘솟는 느낌도 든다.

일상에서 누군가가 길거리에서 피를 뿜는다면 당황스럽고 울렁거리는 느낌을 받을 수 있다. 나도 간호 학생 시절, '피를 잘 못 보는데 간호사 되면 어떡하지?'라는 고민을 해 본 적도 있었다. 혈액종양내과에서 근무하게 되면서 환자 간호 중 피를 많이 보기도 했고 가끔 동맥 출혈이라도 생기면 천장으로 피가 솟구치거나 옷이 순식간에 피로 물들기도 한다. 그러나 막상 간호복을 입은 난 멸균장갑과 거즈를 변경하며 압박을 하고 있었고 꽤 쿨하게 옷을 갈아입곤 했다. 또한 환자가 토하는 걸 볼 때도 마찬가지였다. 길거리에서 누군가 토하는 걸 보면 눈살이 찌푸려지면서 비위가 상하기도 할 테지만, 슈퍼맨 옷을 입은 나에게 있어 항암치료로 구토하는 환자는 전혀 그러한 대상이 아니었다. 실제로 단 한 번도 비위가 상하다 느껴 본 적이 없다.

"지금 좀 어때요? 또 구토할 것 같으세요? 언제부터 울렁거리셨어요?"

서둘러 환자에게 다가가 등을 쓸어드리고 상태를 살피는 일이 나에게는 더 먼저였다. 환의를 갈아입히거나 시트 가는 일도 그러하다. 간호사에게 있어 환자의 증상과 상태는 무섭거나 불결하다고 생각할 일이 아니다. 특히 암 병동에서 환자의 대변은 때론 관찰의 대상이 된다. 내출혈의 의심되면 변에 혈액이 섞여 나올 수 있기 때문이다.

"선생님, 제 환자 melena(흑변) 냄새가 나는 것 같아요. 펴 보긴 했는데, 어떤 거 같으세요?"

"음… melana(흑변) 맞는 것 같아. 철분제 먹는 거 없지?"

이와 같이 기저귀에 대변을 펴 보며 자세히 관찰도 하고, 혼자 판단하기 어려울 경우에는 다른 간호사들과 함께 관찰하기도 한다. 흑변은 특유의 냄새가 있기 때문에 대변 냄새를 맡아 볼 때도 있었다. 누군가는 더럽다고 느낄 수 있는 일이지만 간호사에게는 일상이었다. 환자의 내출혈을 발견하지 못하면 환자의 혈액검사 수치가 바로 흔들릴 수 있기에 환자 치료에 굉장히 중요한 지표였다.

간호사의 슈퍼맨복은 응급상황에 더 큰 빛을 발했다. 응급상황에 빠르게 손을 움직이고 이리저리 뛰다 보면 부딪혀도 아픈 줄도 몰랐다. 그러다 슈퍼맨 옷을 벗고 나면 멍이 들어 있고 아프기 시작했다. 강한 진통제 역할까지 한 것일까.

간혹 유튜브를 운영하다 보면 비위가 약하거나 피를 보는 것이 무서워서 간호사의 진로를 고민하는 친구들이 종종 있다. 나 또한 진로 자체를 고민한 것은 아니나 잘할 수 있을지에 대한 고민은 있었다. 하지만 직업으로서의 책임감이 있기에 간호사는 할 수 있다. 슈퍼맨 옷을 입는 순간은 겁 많은 내가 아닌 '간호사'인 내가 있었고, 환자만을 생각하고 간호하는 내가 있었다.

지금 이 순간에도 한 명 한 명의 슈퍼우먼, 슈퍼맨이 모여 생명의 불을 계속 지피며 달려 나가고 있다는 것을 잊지 않았으면 한다.

죽음에 대해서

인간은 누구나 죽는다. 나도 죽고, 내게 소중한 누군가도 언젠가는 떠난다.

암 병동에 있으면서 삶과 죽음의 경계에 놓인 사람들과 수많은 죽음을 봐야 했다. 간호사이기 전, 죽음에 대해서 실질적으로 배운 적도 경험해 본 적도 없었지만 간호사로서 죽음을 직면해야 하는 시기는 찾아오고야 말았다. 슬픔을 표현하거나 감정적이 되어서는 안 된다는 걸 알고 있었지만 그렇다고 무조건 슬픔을 인내해야만 할지도 의문이었다. 나를 위해 그래서는 안 될 것만 같아 죽음에 대한 나만의 철학을 정립할 필요성을 느꼈다. 죽음을 어떻게 바라봐야 할 것인가.

그런 생각이 들기 시작한 건 죽음을 본 후 집에서 도무지 눈물이 그치지 않았을 때였다. 삶에 대한 허망함이 밀려왔고, 더이상 같은 세계에서 숨쉴 수 없다는 것이 믿기지 않으면서도 마음이 무너지는 아픔을 느꼈으며 영영 이별하는 것에 대한 두려움도 느꼈다. 죽음은, 노력으로도 바꾸기 힘든 다른 세계의 영역이었다.

늘 바쁜 와중에도 사망 환자가 생기면 후처치를 위한 시간이 필요하기 때문에 그만큼 다른 환자들이 내게 받아야 할 간호가 줄어드는 것이 사실이다. 그런 상황에서 감정까지 추스르지 못한다면 간호사로서의 내 역할을 제대로 해내지 못할 수 있다는 걸 나는 너무 잘 알았다. 그러나 그것은 생각처럼 쉽지 않았고, 업무가 끝난 후 병원과 나를 분리하는 것도 환자의 죽음을 본 후에는 더욱 어려움이 따랐다. 잘해 주지 못했고 최선을 다하지 못했다는 죄책감에서 헤어나기 어려웠던 것이다.

죽음을 온전히 끝으로 봐야 할 것인가, 만일 끝이라 본다면 내가 나를 지키기 위해서 어떤 노력을 기울일 수 있는가. 그런 끊임없는 고민 속에 마침내 결론에 도달할 수 있었다.

첫 번째, 온전히 최선을 다해 볼 것.

최선을 다해도 죽음 뒤에는 항상 후회가 남기 마련이다. 그러나 과거의 나에 얽매여 앞으로 나아가지 못할 수는 없었다. 환자들에게 잘해 주고 싶은 이유는 정말 많았지만 그중 큰 부분을 차지했던 건 바로 나를 위해서였다. 힘들다는 이유로 무심결에 던졌던 말들이 내게 그대로 비수처럼 되돌아오는 경험을 해 보았기 때문이다. 후회하고 싶지 않았다. 환자와 함께하는 동안 최선을 다한다면 마지막 떠나는 길에 이번 생에 고생 많았다며 온전히 보내드릴 수 있을 것 같았다. 그런 경험들이 쌓이다 보니 죽음에 있어 조금은 담담할 수 있었다.

두 번째, 그곳에서는 행복하길 바라 볼 것.

암 환자의 마지막은 힘겨운 싸움의 끝자락인 경우가 많다. 환자뿐만 아니라 보호자의 마음과 몸도 아파 보였다. 사랑하는 사람이 고통스러워하는 모습을 오랜 기간 지켜봐야 하는 쓰라림이 오죽할까. 나 또한 그들 곁에서 질병으로 인해 한 가정이 흔들리는 과정을 온전히 지켜봐야 했다. 환자와 보호자의 그 답답함을 내가 다 헤아릴 순 없겠지만, 이 생에서 너무 힘들고 아팠으니 그곳에서는 부디 아프지 않고 웃으며 하고 싶었던 것을 다해 봤으면 하고 기원하는 것이다. 그런 생각을 거듭하며 소중했던 환자들을 서서히 놓아 줄 수 있었다.

응급실에서 갑자기 올라온 처음 보는 환자가 돌연 심정지가 와서 사망 선고를 받은 적이 있었다. 환자의 보호자는 숨쉬기도 힘들어하며 바닥에 주저앉아 이 세상이 무너진 듯 오열하고 있었다. 그럼에도 나는 목석처럼 사망 후 처치에 집중했다. 누군가는 이걸 인간성이 없다고 생각할지 모른다. 하지만 놀랍게도 간호사들은 안타까운 마음은 잠시 들지라도 죽음에 온전히 감정을 넣지 않으려 한다. 또 넣을 수 없다.

이렇듯 모르는 환자에겐 목석같던 나지만, 암 병동의 환자들에게는 달랐다. 내게 알게 모르게 소중한 사람처럼 자리잡아 간 환자들도 많았기 때문이다. 병원 자체는 내게 계속해서 다닐 매력을 주진 못했지만, 병원의 환자가 내게 그곳에 머물게 할 이유가 되었다고 해도 과언이 아니다. 힘든 날, 본인도 많이 아플 텐데 힘들지 않냐며 나를 걱정해 주던 따스함은 내게 큰 위로가 되었고, 그런 환자는 가족사까지 다 알게 되면서 환자의 죽음에 감정이 들어가지 않을 수 없었다. 같은 '죽음'인데 어떻게 슬픔의 정도가 다르냐고 물을 수 있다. 이게 맞다, 틀리다 말할 순 없겠지만 적어도 내게는 환자에 따라 죽음을 바라보는 마음의 깊이가 달랐던 것이 사실이다.

모든 죽음에 슬퍼하기엔 내가 살아가야 했고 책임져야 할 많은 것들이 있었기에, 죽음에 대한 생각을 정립하게 되었고 담담할 수 있을 때 최대한 담담하려 했다. 그렇게 이곳에서 적응해 나갔고 누군가의 죽음에서 오는 고통으로부터 나를 지키며 환자들을 책임질 수 있었다.

2장

암 병동 간호사의 걸음

병원은 무엇을 상상하든 그 이상인 곳이었다.
간호사의 일에 적응해야 했고
가치를 찾아 나가야 했다.
그래야 내가 그곳에 있을 수 있었다.
그러다 보면
그 안에 스며든 내가 있었다.

타지 않는 장작 태움

태움.

누군가에는 생소할 수도 있고 간호사에겐 흔한 단어. 태움은 재가 될 정도로 혼을 낸다는 의미로 간호사들 사이에서 많이 사용하는 단어다.

유튜브를 운영하며 많은 태움의 사례를 접했다. 물론 한쪽 입장만 들어서는 알 수 없지만 만약 그 일들이 사실이라면 신입 간호사가 어떤 잘못을 했어도 그건 명백한 태움이었고 있어서는 안 될 일이었다.

"제가 실수를 했어요. 물론 잘못한 게 맞지만 전체 인계 시간에 모든 간호사들이 제게 질책을 했어요. 한 번에 5명의 간호사가 제게 표정을 굳히고 간호사 자격 없다고, 그딴 식으로 할 거면 나가라고 말하던 그 장면이 트라우마로 남아요."

이 고민을 접한 날, 안타까움이 앞섰다. 보편적으로 신입은 손이 느리고 실수도 많다. 신입이기에 그럴 수밖에 없다. 만일 입사 며칠 만에

3년, 5년 근무한 간호사처럼 일한다면 그 또한 기적이 아니겠는가. 3년이 넘어가는 간호사에게도 버거운 환경이니 신입에게는 어떠할지, 잘 모르는 사람도 예상하고도 남을 정도다. 학창 시절 1등이었어도 이론과 실무와의 괴리는 당연히 존재하기 마련이니 완벽히 해낸다는 것은 불가능에 가깝다고 할 수 있다. 하지만 신입이라서, 바빴다는 이유로 모든 실수가 용납될 수는 없고, 개선의 의지를 보이지 않는다면 선임 간호사 입장에서도 힘들 수 있다. 마냥 따뜻하게만 대할 수도 없는 노릇이 아닌가.

그러나 '혼내는 것'과 '태움'은 엄연히 다르다고 생각한다. 잘못된 일을 바로잡고자 잘못된 상황에 대해서 이야기하고 개선점에 대해 이야기를 나눈다면 혼이 나서 속상한 마음이 들지라도 고쳐 보려 노력할 수 있다. 하지만 같은 상황을 놓고, 모든 동료 간호사들에게 이야기해서 단체로 그 신입에게 잘못을 꾸짖어서는 안 됐다.

"넌 제대로 할 줄 아는 게 있기는 해? 너 같은 애들 때문에 환자들만 피해 보지."

인격모독까지 한다면 혼나는 것을 넘어 태움이라는 생각이 들었다. 이런 태움이 이슈화될 때마다 이런 이야기가 들린다.

"여자들이 많은 곳은 이래서 문제야."

"군대야 뭐야? 간호사들 인격이 문제인가?"

이런 이야기를 접할 때마다 안타까웠다. 물론 간호사들 중에 태움을 주도하고 심한 말을 하는 사람도 있다. 난 그런 사람들은 인격에 문제가 있다고 본다. 어느 집단이든 인성이 좋지 못한 사람이 간혹 있다. 간호사들 중에도 그런 사람이 있는 것이다.

그렇다면 태움의 이야기가 곳곳에서 들리는데 간호사 전체의 인격의 문제로 봐야 할까?

나는 간호사가 되기 전 여러 가지 아르바이트를 해 본 경험이 있다. 아르바이트와 직장은 다르다는 것은 잘 알고 있지만 그 어떤 것과 비교해 보아도 병원이라는 환경은 훨씬 무겁고 압박적으로 느껴졌다. 기본적인 생리 욕구조차 채우기 힘든 것을 시작으로.

한번은 신입 간호사에 인계를 받았다.

"이 환자는…."

더 말을 잇지 않았다. 나는 기다려 줬다. 숨을 몇 번 고르고 다시 인계를 시작하다 이내 말을 멈췄다.

"선생님 제가 안 한 게 많아서요. 이거 다 하고 갈게요."

환자를 파악하며 알았다. 오늘 이 신입 간호사가 맡은 10명 이상의 암 환자의 컨디션이 얼마나 안 좋았고, 그래서 그가 얼마나 바빴을지. 컴퓨터상으로 파악은 했지만 인계에서 얻을 수 있는 정보나 내가 해야 할 것들에 대해서는 전해 듣기 어려워 난감했다. 게다가 신입 간호사가 하지 못한 일도 산더미였다. 그 안에는 반드시 했어야만 하는 일도 있었다. 뒷수습이 시급한 상황이었다. 이제부터 의사한테 환자 상태에 대해 알린다면 추가 처방이 쏟아질 게 뻔했다. 연차가 쌓였어도 내 근무시간 안에 이 모든 일을 다 할 수 있을까 걱정이 되었고 신입 간호사가 놓친 부분을 내가 다 찾아낼 수 있을지에 대한 의문도 생겼다. 중간 연차였던 나 역시 일이 완벽하지 않았고 다음번 무서운 선생님한테 인계를 줘야 하는 상황이다 보니 앞이 깜깜했다.

얼마나 바빴을지 상상이 됐음에도, 나도 이런 신입 시절이 있었음에도, 상황에 쫓기다 보니 속상한 마음이 들었다. 기본도 놓친 모습을 보고 화가 안 났다면 거짓말이었다. 하지만 신입 간호사와 나의 관계도 하나의 인간관계이니 잘못된 부분에 대해서만 이야기하고 참았을 뿐이었다. 이해하려 노력했을 뿐이고 기다려 줬을 뿐이었다.

이때 내가 들었던 속상한 감정이 못된 사람이라서 느낀 감정이라 말할 수 있을까? 신입 간호사는 또 어떠한가. 한국 간호사들은 외국 간호사보다 더 많은 환자들을 간호하고 있다. 그런데 다른 경력 간호사와 마찬가지로 신입 간호사도 똑같은 환자 수를 본다. 현실적으로 잘하는 것은 무리인 상황이다. 강조하지만, 잘하는 신입 간호사는 있을 수 없다. 애초에 업무가 과중하고 생소한 것투성이인 병원 업무를 잘 해낼 수가 없는 것이다. 신입 간호사는 혼나지 않아도 힘들고 자존감이 떨어지는 구조 속에서 일하면서 태움까지 당하는 경우도 있다. 이로 인한 사직률도 높아, 경력 간호사들은 '얘도 그만두는 거 아니야?'라는 생각으로 정을 주기도 쉽지 않다. 결국 신입 간호사에게는 냉랭한 병원밖에 남지 않는 것이다. 이런 구조에서 인성을 운운하는 것은 이치에 맞지 않는 것이다.

가끔 환자 입원이 적고 응급환자가 없는 날에는 평화롭게 인계가 이루어지고 웃으면서 출·퇴근을 하기도 했다. 그럴 때면 일이 조금이라도 여유가 있다면 인계를 받는 입장에서도 그렇게까지 부담스럽지 않을 거라는 생각부터 별별 생각이 다 들었다. 늘 좋은 동료이고 싶었지만 병원은 늘 압박적이었기에 남을 돌아봐 줄 마음의 여유는 부족했고 그것이 인계 시간에 여실히 드러났던 것이다.

그렇다면 현 상황의 개선점은 없는 것인가, 자꾸 고민할 수밖에 없는 부분이다.

가장 주된 문제는 인력 부족이라고 생각한다. 간호사 한 명당 보는 환자 수만 줄어도 신입 간호사들을 가르칠 수 있는 시간적 여유는 더 생길 것이고 기다려 줄 마음의 여유도 늘게 될 것이다. 또한 간호사들이 기본적으로 생리적 욕구를 채울 수 있는 여건이 된다면 이렇게 예민한 상태로 간호하진 않을 것이다.

태움은 더이상 개인의 인성을 논할 문제가 아니다.

이미 답을 알고 있음에도 아직도 간호사 쥐어짜기가 만연한 지금, 변화를 위한 움직임에 어떻게든 도움이 되고 싶은 마음 간절하다.

액팅이란 게 뭐죠?

"와, 드디어 내일 입사야! 어떡해!"

내 인생에 가장 순진무구한 시간을 꼽으라면 입사 하루 전날을 꼽겠다. 기대감과 걱정이 뒤엉킨 감정을 애써 누르며 겨우 잠을 청했던 그때.

나는 국가고시가 끝나고 단 7일의 휴식 후 2월 초에 입사하게 되었다. 당시 교육은 그저 재밌었고 이제 간호사가 된다는 설렘으로 가득했기 때문에 탈의실에서 신입 간호사가 힘듦을 토로하거나 병원에 대해서 안 좋게 말하는 것을 들을 때면 이해하기 어려웠다. 이때까지만 해도 몰랐던 것이다. 입사 후에 생각과 현실이 이렇게나 달라질 줄을!

간호사 업무에서 환자에게 직접적으로 하는 간호행위를 간호사들 사이에서 '액팅'이라고 부르곤 한다. 처음 입사하게 되면 환자를 전반적으로 보는 시야를 갖추기 어렵기 때문에 액팅 위주의 교육을 먼저 받는 경우가 많다.

나도 처음 병동으로 발령을 받았을 때, 그 당혹스러움을 잊지 못한다. 말초정맥에 주사를 놔야 하는 환자들의 명단을 받았는데 그때까지 고작 동기들과 서로 몇 번 놔 본 게 다였던 나는 쿵쾅거리는 심장을 진정하기 어려웠다. 다행히 환자분들이 내가 신입인 걸 알았기에 이해해 주었지만, 하는 내내 떨리고 긴장되었던 순간이었다. 하지만 이제는 학생이 아니었다. 실제로 능력이 어떻든 부딪혀야 했고 재빠르게 병동의 한몫을 해야만 했으며 '눈치껏' 해내는 기술도 필요했다. 나의 업무 속도가 적정선에 도달하지 못했을 경우 동료들에게 직격탄이 날아가기 때문이다.

첫 출근 날, 정맥주사가 잘 안 들어간다는 환자의 말을 듣고 나는 담당 간호사를 찾아갔다.

"○호실 환자가 정맥주사가 잘 안 들어간다고 합니다."

"저한테 그걸 왜 말하세요? 뭐라도 해 봤어요? 다시 정맥주사 잡으면 되잖아요."

그날 선임 간호사에게 엄청 혼난 기억이 있다. 아무것도 하지 않고 담당 간호사에게 전하는 학생 같은 면모를 보여 줬으니 말이다.

당시에는 어디까지 내 마음대로 해도 되는지 감이 잡히지 않았고 잘못하면 안 된다는 생각만 하며 소극적으로 행동하고 말았다. 지금 생각하면 웃고 넘기지만 그때의 난 학생과 신입 간호사의 경계에서 허우적

댔던 것 같다. 환자들이 물밀듯 입원 오면 정신이 없어 빼먹는 일도 계속 생겼다. 학창 시절 공부를 소홀히 하지 않았음에도 새롭게 공부해야 할 것은 산더미였고, 핵심 술기는 배웠지만 임상에서 액팅을 하기에는 역부족인 것들도 많았다. 약 카드를 보고 환자에게 약물을 투여하는 기본적인 행위조차 어색하고 떨리기 일쑤였다. 또한 흔히 쓰는 수액세트의 종류조차도 새롭게 공부할 대상이었다. 액팅을 하면서도 노트는 늘어만 갔고 내가 잘할 수 있을지에 대한 의문은 깊어져 갔으며 그런 시간 속에 자책은 계속되었다. 학생 때부터 취업하기까지 해 왔던 노력들이 분명 도움이 된 부분도 있었을 텐데 그 당시에는 아무 쓸모가 없다는 느낌까지 받았다.

"병원은 일할 직원을 뽑은 거지 학생을 뽑은 게 아니에요."

병동 선생님이 어쩔 줄 몰라하는 나에게 이런 말을 한 적이 있다. 물론 너무나 속상했지만 그만큼 내 마음에 강렬하게 새겨지면서 내가 더 적극적으로 일해야 한다는 것을 깨닫게 되었다. 그래서 액팅 업무도 맡겨진 업무보다 더욱 폭넓게 보며 적극성을 발휘해 보려 했다. 생각이 굴뚝같아도 몸은 잘 따라주진 않았지만 어떻게든 발전해 보려고 부단히 노력했다. 매시간 해야 할 업무를 정리해 두고 시간대별로 체크하면서 일을 진행하니 어느새 기본 업무가 익숙해졌다. 그러고 나니 시야가 점차 넓어지고 자신감도 붙어 그 외에 내가 할 수 있는 일이 있다면 무조건 가려고 노력했다. 특히 라운딩 때마다 수액세트나 모니터 정리를 신경 쓰게 되면서 정리가 된 상태에서는 업무가 이전보다 빨라지는 것을 느낄 수 있어 만족스럽기도 했다.

시간이 흐르자 정말 신기하게도 환자를 전적으로 다 맡아서 봐야 하는 날이 왔다. 그러자 그렇게 힘들다고 느꼈던 액팅 업무가 상대적으로 수월하게 느껴지는 날도 있었다. 액팅이라는 게 뭔지 아리송했던 그 시점에서 변하지 않을 것 같았던 상황이 점차 변화하는 날이 나에게도 온 것이었다.

저에게도 프리셉터가 필요해요

입사 2개월까지 내겐 프리셉터가 없었다. 그 기간 동안의 나도 간호사라고 말할 수 있었을까….

첫 출근부터 혼자 바로 해내야 하는 일들이 많았다. 병원시스템도 익히기 어려웠지만 할 줄 아는 게 없는 신입 간호사라 발이라도 빨라야 했기에 뛰고 또 뛰며 환자 30명의 액팅을 해야 했다. 환자 30명에 대한 액팅 업무가 누군가에게는 많을 수도 있고 또 누군가에게는 적을 수도 있다. 실제 생각보다 많은 병원에서 환자 30명 이상의 액팅 업무를 간호사에게 주고 있다. 과연 상상이나 되는지…. 하물며 신입 간호사에게는 어떨까.

사실 환자들을 보면서 육체적으로 힘든 건 문제가 되지 않았다. 16시간 연속으로 뛰어다니라고 해도 할 수 있을 만큼 몸이 힘든 건 어떻게든 견딜 수 있었다. 문제는 액팅 업무를 하면서 생긴 실수였다. 가장 무서운 건 바로 '나'였던 것이다. 늘 내가 위태롭다고 느꼈지만 나를 봐주는 사람이 없어 늘 불안하고 무서웠다.

한번은 Infusion Pump(수액주입기계)를 달고 있는 환자에게 중요한 약물을 연결해야 하는 상황이었다. 그런데 처음 보는 기계였기 때문에 계속 울리는 알람을 어떻게 해야 할지 도무지 알 수가 없었다.

"선생님, 죄송한데 ○호실에…."

"지금 바쁜 거 안 보여요?"

난감했다. 난 알람을 해결할 능력이 없고 다른 선생님들은 너무 바빠 봐 줄 여유도 알려 줄 여유도 없었다. 결국 나의 무지 때문에 그 환자는 중요한 약물을 달 수 없었다. 다른 액팅 근무를 하고 다시 용기를 내어 선생님께 말을 걸었다.

"선생님, 정말 죄송한데 ○호실 환자의 Infusion Pump 기계에 약물을 달아야 하는데 사용법을 모르겠습니다."

"그걸 왜 몰라요!! 하, 진짜."

기분은 안 좋아 보였지만 선생님은 끝내 기계 연결을 알려 주었다. 그 선생님 입장에서는 현재 자신의 업무만으로도 벅찬데 신입 간호사를 가르치는 건 불가능에 가까웠다. 예민할 수밖에 없는 상황이었다.

그러나 불가능에 가까운 건 나도 마찬가지였다. 다음에는 잘해 보겠다며 공부를 해 봐도 배운 적도 없고 혼자 익히는 데 한계가 있어 종류가 조금이라도 다른 기계는 어색하기도 하고 내가 하는 게 맞는지 확신이 안 설 때도 많았다. 그러다 보니 계속 눈치를 보게 되고 제대로 하지 못해 혼나는 상황이 반복됐다. 병동에 인력이 추가될 기미도 보이지 않았고 다음 달 근무도 역시 액팅인 상황에서 이 기간이 몇 개월 더 지속될지 알 수가 없어 막막했는데, 액팅 외에 배우지 않은 다른 것들까지 시키는 통에 뭐가 뭔지 몰라 갈수록 난감해졌다. 몰라서 물어보아도 혼나는 일도 다반사였다.

생각 끝에 이 상황을 피할 수 있는 방법은 두 가지뿐이라 결론내렸다. 프리셉터로부터 교육을 받거나, 아니면 사직을 하거나. 미치도록 힘들어서 힘들다고 했을 때 받아야 할 따가운 시선은 오로지 내가 견뎌야 할 몫이었다.

그러던 중, 수 선생님과 면담할 기회가 생겨 나는 속으로 앓고만 있던 이야기를 꺼내게 되었다.

"저도 프리셉터가 있었으면 좋겠어요."

나는 현재의 힘든 상황을 토로하며 절박한 마음을 알렸다.

그리고 얼마 후, 수 선생님은 고민 끝에 병동 교육을 시작하기로 결정하였다. 그렇게 입사 3개월 차에 그토록 바라던 프리셉터가 생겼다. 그 시기에 병동 상황이 안 좋은 걸 뻔히 알면서 프리셉터를 요청했다는 이유로 선생님들의 엄청난 따가운 시선을 받아야 했지만 다시 액팅으로 돌아갈 순 없었다. 함께 입사한 동기들은 프리셉터로부터 교육을 받고 독립하는 시기에 나는 계속 제자리걸음인 것이 싫었고, 더이상 나도 나를 믿지 못한 채 무작정 일하고 싶지는 않았다. 나를 봐 주는 누군가에게 의지도 하고, 무엇보다 배우고 싶었다. 이렇게 해서 진심으로 나를 싫어하는 것 같은 동료들에게 둘러싸이긴 했지만 결국 프리셉터는 붙었으니 난 병원을 조금 더 다녀 봐야 할 이유가 생겼다.

프리셉터 교육을 받으면서도 몇 번이고 무너질 뻔했다. 동기들이 한 명 한 명 사직하는 것을 보면서 나도 흔들리고 약한 마음이 들 때도 있었지만 그럼에도 견뎌 보고 싶었다. 프리셉터가 붙고 나서도 힘든 시간을 보내며 절실히 깨달은 것은, '환자를 맡는다'는 것이 얼마나 많은 지식을 요구하는 일인지에 대한 것이었다. 결국 끊임없이 공부하는 것만이 해결책 같았다.

지난날 아무것도 모르면서 액팅을 하고 실수해도 실수한지 모르는 내가 무서웠고, 컴퓨터 보는 방법도 모르는데 기록을 못 넣는다고 혼나던 그 시기는 더 지옥 같았다. 입원환자 한 명 받는 것도 서툴렀던 때에 비하면 차라리 지금이 더 좋았다. 공부를 해 오라고 하면 어떻게든 할 의지가 있었다. 그러나 트레이닝 중에는 걱정도 되었다.

'독립하면 환자를 잘 볼 수 있을까?'

이미 자존감이 상실된 상태라 어떻게 다시 끌어올려야 할지 고민해 보기도 했다. 트레이닝 받으면서도 프리셉터 선생님뿐만 아니라 다른 동료 선생님들에게 많이 혼나서 자존감을 끌어올리는 것도 쉽지 않았다. 나와 같이 트레이닝을 받던 신입들 모두가 그렇듯. 어떻게 보면 단 하루도 안 혼난 날이 없다는 표현이 더 맞을 것이다. 4년 차 간호사였던 프리셉터 선생님도 실수를 반복하는 나로 인해 스트레스를 많이 받았고 그걸 지켜보는 것도 죄송했다.

'날 트레이닝 못하겠다고 하시면 어떡하지?'

많은 실수를 한 날에는 집에 돌아와 걱정도 산더미였다. 프리셉터 선생님에게 난 업무뿐만 아니라 정신적으로도 의지하고 있었기 때문이다. 다행히도 프리셉터 선생님은 끝까지 날 포기하지 않고 가르쳐 주셨다. 그 시기에 만일 프리셉터가 없었다면 병원을 더 다닐 수 있었을까? 액팅하던 2개월보다 트레이닝 받던 일주일 동안 더 많은 걸 배울 수 있었고 이는 이후 나비효과처럼 번지는 계기가 되었다.

병원 업무는 학교에서 배운 것과 많이 다르다. 그럼에도 제대로 된 교육을 받을 수 없어 맨땅에 헤딩을 해야 하는 신입 간호사가 아직도 많이 있다. 유튜브를 운영하면서 받은 메일에는 이로 인해 방황하는 신입 간호사들의 이야기가 참 많다. 입사 날부터 뭐가 뭔지 모르지만 정신없이 일해야 하는 간호사들의 고충을 들으면서 공감이 되었던 적이 한두 번이 아니다. 그것이 어떤 느낌인지 나도 경험을 통해 잘 아는 바이다.

사람의 생명을 다루는 일을 하기에 그만큼 두렵고 실수하지 않기를 바라는 신입 간호사에게 올바른 배움의 기회가 주어지길 바라본다.

사건경위서 쓰던 날

낮 12시부터 밤 12시까지 일하는 이브닝 근무는 4개월 차 신입인 내겐 1시간과 같았다. '쏜살같다'는 말을 이럴 때 쓰나 보다.

12시간 근무 동안 밥도 먹지 못하고 물 한 모금 마실 수 없었던 시간을 뒤로하고 겨우 퇴근길에 올랐는데 소름 돋는 전화가 울렸다. 병원 번호였다. 떨리는 목소리로 전화를 받자 수화기 너머로 차지 선생님 목소리가 들려왔다.

"선생님 ○○○ 환자 항생제 몇 vial mix해서 줬어요?"

"1vial mix해서 드렸습니다."

"내일 사건보고서 작성해 와요."

통화를 하며 2vial을 주어야 했는데 1vial만 투약한 것을 알게 되었다. 멍했다. 가장 신경이 쓰인 것은 나로 인해 환자가 제대로 된 치료를 못 받았다는 것, 두 번째로는 이런 실수를 하게 된 꼼꼼하지 못한 나에 대한 자책, 세 번째로는 사건보고서를 어떻게 작성해야 하나 하는 것이었다. 이 모든 것을 부정하고 싶지만 실로 내가 해야 하는 일이라는 것에 대한 힘듦이 컸다. 이건 분명 내 잘못이었다. 약카드를 보고 원칙만 지켰다면 분명 실수하지 않았을 텐데 원칙을 지키지 못해 생긴 실수. 선생님들은 엄했고 병원이란 곳은 기준을 낮출 수 있는 곳도 아니었다.

모든 상황들이 복잡하게 생각되면서 그날은 제대로 잠을 이룰 수가 없었고 당장 내일 출근이 무서웠다. 침대에 가만히 누워 있는 것조차 할 수 없어 침대 옆에 앉아 있자니 온 밤이 나를 짓누르는 듯했다. 밤 12시, 하루 종일 아무것도 먹지 못했지만 뭔가를 먹을 수도 없었다. 두려움에 입맛도 없고 차라리 눈물이라도 나면 엉엉 울어버릴 텐데 눈물도 나지 않을 먹먹함이 자리잡고 가시질 않았다. 그 시간에 연락할 누군가도 없었고 '출근을 어떻게 하지 않을 수 있을까?'란 생각을 하며 멍하게 뜬눈으로 밤을 지새웠다.

아침이 다 돼서야 잠이 들었지만 그마저도 푹 자지 못하고 일어나 경위서 작성을 위해 1시인 출근시간보다 2시간 앞선 11시쯤 집을 나섰다. 출근 후 나를 보는 선생님들의 눈초리와 전체 인계장에 적혀 있는 내 이름을 보자 어디에라도 숨고 싶었다.

'김진선 약물 2VL 줘야 하는데 1VL 줬음'

수 선생님은 나를 불러 사건경위서 쓰는 방법을 알려 주셨다. 그러면서도 나의 행동을 꾸짖으려고 하는 게 아니라 다음번에 이런 일이 발생하지 않도록 하기 위한 방안임을 설명하며 혹여 내가 자존감이 떨어지진 않을까 배려해 주시는 모습이 보였다.

몇 월 며칠 몇 시경에 어떤 환자에게 어떻게 실수를 했으며 그런 사건이 더 발생하지 않기 위해서는 어떠한 노력을 기울여야 할지 상세하게 적어 나가야 했다. 양식에 맞춰 쓰느라 3번의 수정 끝에 제출할 수 있었고, 이것은 2장을 프린트하여 한 장은 전체 인계장에 꽂고 한 장은 수 선생님께 드렸다. 그리고 내 실수가 전체 인계가 될 때 나는 한없이 작아지는 느낌이 들었다. 그날 너무 많이 혼나서 정신이 어딘가로 가버린 것 같았다. 사건경위서 제출 후에 이브닝 근무를 해야 하는데 숨이 턱턱 막히는 기분이 들었다. 그날도 역시 내 부족함으로 인해 환자가 피해를 보았다는 생각에 내가 너무 싫어 계속해서 자책하게 되었다. 그리고 다른 선생님들이 나를 정말 싫어하진 않을까 하는 우려가 깊게 자리잡았다.

그러던 중 산소 적용을 멈추기로 한 환자의 산소줄을 빼야 했는데 다시 쓴다는 생각을 하지 못하고 버리는 실수를 하고 말았다. 알지 못하고 저지른 일이지만 한 번만 더 생각했더라면 다시 산소를 적용할 것을 예상하여 산소줄을 옆에 둘 수도 있었다. 사건경위서를 쓴 날 또 한 번 혼나게 되어 수치심에 어딘가에 숨고만 싶었다.

그날도 퇴근해서 아무것도 먹을 수 없었고 누구에게도 연락할 수도 없었다. 온 세상에 나 혼자만 덩그러니 남겨진 느낌이었다. 매일 반복되는 지옥 같은 일상은 점차 어둠 속으로 나를 몰아 갔다. 몸도 정신도 점차 나약해지고 나를 사랑할 수 있는 힘은 잃은 지 오래였다. 판단력조차 흐려져 먹어야 한다는 생각도 자야 한다는 생각도, 기분을 전환해 보려는 노력도 할 수 없었다. 그냥 모든 것을 인정하려 했다. 난 못하는 사람이고 나약한 사람이며 환자와 병원에 피해를 주는 사람이다. 병원을 그만둬야 한다는 것도 잘 알면서 그만둘 용기는 없었다.

며칠간 가슴이 먹먹했다. 내 마음을 어떻게 표현할 수도 없었다. 항상 난 실수를 몰고 다니는 위험한 간호사처럼 느껴졌다. 수 선생님은 다독여 주셨지만 점차 나는 잘못했다는 말만 반복하게 되었다. 한동안 계속 우울해하기만 했다. 내가 병원을 다니는 게 아니라 병원이 나를 조정하는 것 같이 어떠한 감정도 없이 일을 지속해 나갔다.

그 이후로도 몇 번의 사소한 실수가 더 있었고, 이브닝 근무를 하다가 또다시 혼나고 집에 돌아온 어느 날이었다. 그날도 침대 옆에 앉아 무릎에 고개를 파묻고 있는데 문득 살고 싶었다. 내가 너무 싫었지만 배가 너무 고팠고 이 욕구를 무시할 수 없었다.

'혼나는 것도 내성이 생겼나.'

그리고는 다 먹지도 못할 걸 알면서 치킨 한 마리와 라지 사이즈 피자 한 판을 주문했다. 음식이 오자 며칠 굶은 사람처럼 정신없이 입에 음식을 밀어넣듯 마구 먹기 시작했다. 그렇게 먹고 나니 이상하게 정신이 좀 들었다. 그리고 나도 사람답게 살아야겠단 생각이 들었다.

'될 대로 돼라.'

스스로가 살기 위해서는 이런 생각이 필요했다. 좀 잔인하고 나쁘다고 생각할 수 있지만 이미 벌어진 일들에 하나하나 죄책감 갖고 살기에는 스스로가 강하지 못하다는 것을 나는 잘 알았다. 시간을 되돌릴 수 없다면 하루하루 나를 충전하고, 내일의 나는 좀 더 발전할 수 있지 않을까를 떠올리며 나아가 보고자 했다. 물론 실수가 있었다면 반성은 필요하지만 다음 날 나를 기다리고 있는 일들이, 나의 손길을 기다리는 환자들이 있기에 그것에 나를 가두고 있을 수는 없었다.

그날 밤 치킨과 피자를 우걱우걱 씹으며 계속 다짐했다.

"될 대로 돼라! 내일의 나는 오늘의 나보단 더 낫겠지!"

그로부터 몇 년 뒤였다. 아직 아침 잠에서 깨지 못한 상태로 전화를 받았다. 우리 병동의 신입 간호사였다. 수화기 너머로는 하염없이 우는 소리만 들렸다. 나이트 근무가 끝나고 전화한 듯했다.

"선생님, 왜요? 무슨 일 있어요?"

"저 그 누구한테도 말할 사람이 없어요. 선생님, 저 정말 잠도 잘 수가 없고 아무것도 먹을 수가 없어요."

그녀는 제정신이 아닌 것 같았다. 평소 그는 환자 보는 일을 천직으로 여기고 간호를 사랑하는 간호사였으며 환자들 사이에서는 인기 만점에 편지까지 받는 신입 간호사였다. 그런 면에서는 나도 배울 점이 많다고 생각했는데 역시 신입 간호사의 비애가 있는 것 같았다. 그나마 우리 병동은 사직률이 낮은 병동이라고들 하는데도 눈물로 사직한 신입 간호사가 많았던 걸 보면 어쩔 수 없는 일인가 생각하며 안타까운 마음이 들 때쯤, 그 간호사가 문득 울음을 멈추고 물었다.

"저, 그만둘까요. 선생님?"

잠시 침묵이 이어졌다. 무슨 말을 해 줘야 할까. 환자 보는 걸 사랑하는 이 간호사에게 무슨 말을 해 줘야 할까. 더 견디라고 하기엔 위태로워 보였다. 늘 옆에서 보면서도 혹시라도 잘못될까 봐 두려웠기에 난 그녀를 잡지 않았다. 잠시의 휴식이 필요해 보였다.

"선생님, 정말 많이 힘든 거 알아요. 제가 지금 선생님을 잡고 싶어도 잡으면 안 되는 거겠죠?"

결국 그녀는 사직하게 되었다. 그리고 그로부터 1년 뒤 그녀는 다시 밝은 모습으로 날 찾아왔다. 병원 밖에서 만난 그녀와 난 이런저런 이야기를 하며 시간 가는 줄 몰랐다. 사직 후 휴식을 취한 그녀는 다른 병원으로 이직하여 열심히 일하고 있다고 했다. 힘들기도 하지만 환자를 다시 볼 수 있어 좋다며 만족해하는 것 같았다. 이전의 많이 힘들었던 때에 대한 불평불만은 하지 않았다. 그런 그녀를 보며 나는 기쁜 마음으로 잘하고 있다고 말해 주고 싶었다.

힘든 시기를 참고 견디는 것과 잠시 전환의 시간의 갖는 것 중 어느 게 '맞다', '틀리다'를 말하고 싶은 건 아니다. 어떤 선택을 하든 다 각각의 이유는 있는 법이니까. 단지 어느 결정을 하든 자신의 결정에 후회하지 않았으면 한다.

신입 간호사 때는 스스로가 부족하다는 생각에 얽매이고 병동 사람들과의 인간관계도 맘같지 않다. 사건경위서를 쓰며 죄책감에 짓눌리기도 하고 스스로의 자질에 대해 되돌아보며 약해진 마음이 몇 번이고 무너져 내리기도 한다.

그러나 그런 시기를 견디고 또 견디다 보면 나도 모르는 사이 분명 성장해 있는 나와 만나게 될 것이다. 우리 모두가 그랬던 것처럼 말이다.

생리적 욕구보다 환자

“인력 부족이 제일 문제야.”

신입 간호사 때부터 지금까지 듣는 이야기. 서울의 대형병원에 다니는 친구들도 인력이 부족해서 휴일도 별로 없다며 서로 앞다퉈 신세한탄을 하곤 했다.

전국에 간호사가 부족한 게 아니었다. 신입 간호사로 입사하면 바로 환자를 볼 수 없기에 교육 받을 시간이 필요한데 숙련되기 전에 나가버리니 실질적으로 병원에서 일할 인력은 늘 부족한 것이다. 한마디로 ‘밑 빠진 독에 물 붓기’와 같았다.

우리 병원도 예외는 아니었다. 늘 근무표는 불안정했고 안정될 만하면 또 사직이 반복됐다. 인력 부족이 있다 보니 5일 연속 근무가 있는 날도 있었다. 특히나 새벽 5시에는 출근해야 하는 데이 근무가 연속일 땐 가장 힘들었다. 2일째 데이 근무를 한 날에는 집에 와서 쓰러지듯 잠들고 잠깐 깨면 배가 고프다 못해 아픈 느낌까지 받곤 했다. 밥은커녕 물 마실 시간도 없어 마른 침만 삼킬 때도 있었다.

어느 날 환자 정맥주사가 불안정한 것을 발견하여 정맥주사를 다시 놓아 주려는 순간이었다.

꼬르륵…

눈치 없는 내 배는 하필 그때 투정 섞인 소리를 냈다. 부끄러웠지만 아무렇지 않은 척 정맥주사를 마무리하고 카트를 정리하고 있었다. 그때 누군가 카트에 견과류가 든 봉지를 올렸다. 주사를 맞던 환자분이었다.

"밥도 못 먹고 고생하는거 다 알아요. 별건 아닌데 간식이라도 먹어요."

미안한 마음에 거절하려 했지만 환자분은 인자한 미소를 보내며 다시 건넸다. 괜히 환자 간식을 축낸 것 같아 내 배꼽시계가 원망스러웠지만 결국 그날 퇴근할 때까지 견과류는 먹지 못했다. 그럴 때면 마음 써 주는 환자에게 감사한 마음이 드는 동시에 밥도 먹지 못하고 일하고 있는 현실에 씁쓸하기도 했다. 어디 그런 마음뿐이겠는가. 밥도 못 먹고 쉴 새 없이 움직였는데도 일을 다 하지 못했거나 실수를 한 날에는 밥 먹을 자격이 없다고도 생각했다. 다 먹고 살자고 하는 일인데 밥 먹을 자격을 운운하는 건 지나친 생각이었을지 모르지만, 그 당시에는 어쩔 수 없이 자주 그런 생각에 사로잡히곤 했다.

'내가 밥 먹을 자격이라도 있나? 어차피 먹을 시간도 없고…, 오늘도 아무것도 못 먹겠지.'

병원에서 근무하다 보면 이렇게 생리적 욕구를 해결하지 못할 때가 있다. 응급상황이 생기면 밥은 생각할 수도 없고 그때는 다행이라는 표현을 쓰긴 뭣하지만 배고픔도 느끼지 못했다. 퇴근 후 4평 남짓한 나만의 공간에 몸을 내려놓으면 그제서야 밀려오는 허기에 이것저것 음식을 먹으며 위안을 삼았다. 사람들이 삼교대가 힘들지 않냐는 질문을 많이 하는데 나는 삼교대보다도 끼니를 거르고 10시간씩 근무하는 게 가장 힘들었다. 동기 모임에서 근무 중 밥 먹을 시간이 있는지 이야기를 나눈 적이 있었는데, 신입 시절 5개월 동안 단 2번만 밥을 먹었던 나보다도 더한 경우도 있었다.

한때 간호사의 식사시간이 보장되지 않는 것이 문제가 되자 병원에서는 식사 권고를 강하게 하기도 했다. 문제는 지금 '당장' 손을 쓰고 돌봐야 하는 환자가 있다는 '현실'이었다. 그럼에도 계속 밥을 먹으러 가라고 하면 역으로 스트레스로 다가온다고 하는 선생님도 있었다. 밥 먹을 시간 확보 없이 무조건 식당에 가라고 하는 것은 앞뒤가 맞지 않는 상황인 것이다. 애초에 인력이 부족하기에 밥 먹기란 쉽지 않았다. 또한 선배 간호사 선생님들이 밥을 못 먹을 때면 밥 먹기 눈치보여서 으레 먹지 못하게 되고, 식사시간에 환자에게 중요한 일이 생기거나 바쁜 날에는 끼니를 챙기지 못하기 일쑤였다.

간호사가 아닌 친구들과 대화하다 보면 이해 받기 어렵기도 했다.

"시간이 몇 신데 아직까지 밥을 못 먹었어?"

"일이 바빠서 못 먹었어. 일 끝나고 냉수 한 잔 먹은 게 다야. 이제 먹어야지."

"좀 더 늦게까지 일한다고 하고 밥 먹고 일하면 되잖아."

밥을 먹지 않아도 늘 더 늦게 퇴근했고, 밥은 때를 놓치게 되면 먹을 수 없었다. 점심시간이 보장되어 있지 않고 딱 그 시간에 맞춰 해야 하는 업무도 있는 데다 담당 간호사가 보이지 않으면 환자들의 불평불만도 크기 때문에 식사시간은 챙기기 어려웠다.

연차가 쌓이고 나선 밥 못 먹는 게 한이 됐는지 밥시간만 되면 어떻게든 밥을 먹으려 했다. 다행히도 병원이 점차 변화해서 신입 간호사들과 함께 밥 먹는 날도 많았다. 그러나 두 명 이상 모여 같이 밥을 먹어도 대화 없이 빨리 먹고 올라오는 일이 다반사였다. 병동을 아예 비울 수는 없어 서로 교대해서 먹어야 했기 때문이다. 그러니 모두가 식사하려면 다음 간호사를 위해 빨리 먹어야만 했고, 대충 허기만 채운다는 생각으로 바쁘게 먹었다. 간호사들이 밥을 '먹는다.'보단 '마신다.'라는 표현을 더 많이 쓰는 이유이다.

TV나 영화에서 직장인들이 점심 식사를 마치고 커피를 마시는 장면을 볼 때면 엄청난 괴리감에 사로잡혔다. 간호사에겐 상상도 할 수 없는 일이었다. 식사시간 1시간은 간호사들에게는 말도 안 되는 시간이었다.

한 강연회에서 누군가, 언제쯤이면 병원에 적응했다고 느낄 수 있는지를 묻자 강연가가 이렇게 말했다.

"시기는 사람마다 달라요. 저는 개인 물컵을 소지하는 시기였던 것 같아요."

공감되는 이야기였다.

신입 시절, 물컵이 있어도 물을 마시며 일할 여유는 내게 없었다. 나뿐 아니라 많은 간호사들이 기본 생리적 욕구조차 충족시키지 못하면서 환자를 간호해 왔다. 이렇다 보니 자신의 건강은 챙기지 못하는 간호사가 대부분이다. 환자를 돌보는 것이 간호사의 가장 중요한 임무이지만, 최소한 기본적인 생리 욕구는 보장되어야 하지 않을까. 그래야 간호사도 더 좋은 간호를 할 수 있지 않을까.

간호사 식사시간 보장을 위해 병원도 다각도로 노력 중에 있다고 한다. 점차 나은 환경이 조성되어 꼬르륵 소리에 부끄러워하는 간호사가 없길 바라는 마음이다.

그래, 이 병원을 떠나자

"음…. 아…."

혼잣말을 잘 하지 않았지만 어느새 부쩍 혼잣말이 늘었다. 말이라고 하긴 애매하지만 자책이 들 때마다 혼자 어두운 방 안에서 고개를 파묻다가 한숨을 쉬기도 하고 뜻 모를 소리를 내기도 했다.

신입 시절, 병원은 공포의 대상이었다. 출근하면 어떤 상황이 일어날지 알 수 없었고 밥, 물, 화장실 등 생리적 욕구도 채워지지 못하는 일이 다반사였기에 이로 인한 압박감이 너무 컸다.

처음에는 간절했다.

'제발 이곳을 견딜 힘이 생기게 해 주세요.'

계속 나약해졌기에 기도했었다. 하지만 모든 의욕이 사라지고 나선 어떠한 의존도 하지 않게 되었다.

결국 내겐 우울증이 찾아왔다.

병원 정신과를 찾진 않았지만 난 확실한 우울증이었다. 밥도 먹어야 하고, 씻기도 해야 하는데 아무것도 할 수 없는 무력감이 날 바닥까지 눌렀다. 차라리 눈물이라도 나면 엉엉 울어 버릴 텐데 눈물조차 나지 않았고, 심장은 미칠 듯 갑갑하고 터질 것 같은 느낌이 들었다. 게다가 머릿속에 떠다니는 생각들은 나를 더 짓눌렀다. 주변 간호사들은 왜 죽고 싶다고 내게 연락을 하고 정신과 약을 처방 받고 수면제와 함께하는지, 우리는 왜 그렇게 하면서까지 간호사를 해야 하는 건지…. 도무지 이해가 되지 않았다. 그러다 보니 이제껏 자살에 대해 잘 이해하지 못했던 내가 그제서야 왜 사람들이 죽음을 생각하는지 알 것 같았다.

문제는 '판단력'이었다. 우울이 지속되니 판단력이 흐려졌다. 사실 그만두면 모든 게 해결될 문제였지만, '내가 죽으면 이 상황이 다 끝나는 걸까.'라는 아둔한 생각에 사로잡혀 버렸다. 같은 날 입사한 동기 8명 중 단 2명만 남은 상태였다. 차라리 나도 그만둬야 했을지 모르지만, 이미 다 내려놓고 싶다는 생각만 머릿속에 가득차 누구에게 의지하고 싶지도 노력하고 싶지도 않았다.

어느 날은 강남역 주변을 하염없이 걸었다. 멍한 정신이었지만 아팠다. 몸이 아니라 정신이 아팠다. 그때 무슨 생각인지 눈앞에 보이는 가정의학과에 무작정 들어갔다. 평온해 보이는 여의사가 있었다.

"어디가 불편해서 오셨어요?"

"여기도 혹시 우울증 약을 처방해서 주나요? 제가 검사 같은 건 받고 싶지 않고 약만 받고 싶어요."

"음. 정신건강의학과를 가 보셔야 할 것 같은데요. 여기서는 약을 받을 수 없어요."

"아…, 네…."

"힘든 일이 있으세요? 너무 마음에 담아 두지 마시고 병원 꼭 가 보세요."

"네."

의료인임에도 정신건강의학과를 가야 한다는 생각보다 내 마음의 병은 고칠 수 없다는 생각이 먼저 들었다. 동료 간호사에게 연락했다.

"선생님, 저 약 안 준대요."

"왜? 어디 갔는데?"

"정신과 가긴 무서워서 가정의학과 가면 받으려나 해서 갔는데 생각이 짧았네요."

"정신건강의학과 가 봐…. 약 먹으면 좀 나아."

하지만 약도 먹기 귀찮고 '될 대로 돼라.'라는 생각만 들었다. 문득 이러다 내가 죽을 것 같았다.

그래서 마음먹었다. 병원을 그만두기로.

사직을 결정한 순간 가장 먼저 떠오른 건 부모님이었다. 언제나 날 자랑스러워하시던 부모님…. 내가 병원을 떠나면 실망하실 거란 생각도 들었고, 아무래도 기성세대이다 보니 벌써부터 "사회생활이 원래 그렇게 힘든 거다. 그것도 못 견디면 어떡하니."란 말씀이 들리는 것 같았다.

한참을 망설이다 전화를 걸었다.

"엄마…."

"응, 딸 무슨 일 있어?"

"죄송해요…."

"왜, 뭐가 죄송한데? 무슨 일이야 딸."

엄마의 목소리는 한없이 따뜻했다.

"정말 견뎌 보고 싶었는데 안 되겠어요…. 그만두려고요."

"알겠어. 그냥 당장 내려와, 집이며 짐이며 신경쓰지 말고 내려와.

지금까지 했으면 됐어. 이제는 여행도 다니고 잠깐 쉬자."

그리고 바로 아버지께도 연락이 왔다. 수고했다고, 내려오라고….
부모님의 반응이 전혀 내가 예상했던 대답이 아니어서 어리둥절할 정도였다. 그런데도 마음은 편안했다.

전후 사정은 그로부터 몇 년 뒤 가끔 내 집에 오곤 했던 언니와 얘기를 나누다 언니의 눈물 섞인 고백을 통해 알게 되었다.

"너 죽을까 봐…. 진짜 네가 너무 이상하고 걱정돼서…. 네가 사직하겠다고 하면 무조건 동의해 달라고 부모님께 말씀드린 거야…."

내가 잘못될까 봐 가족들은 가슴 졸이며 걱정하고 있었던 것이다.

당시로서는 가족의 따뜻한 지지를 받아 편안한 마음으로 다음 날을 준비할 수 있었다. 사직 통보할 것을 생각하니 간만에 잠도 잘 왔다. 내일이면 이 병원을 떠날 수 있다는 생각만 한가득 안은 채 악몽 없는 편안한 밤을 보내고 다음 날 병원으로 출근했다. 그날은 누구에게도 인사하고 싶지 않았다. 그저 모든 게 원망에 가득차 있었기에.

"수 선생님, 저 사직하려고요."

한순간 정적이 흘렀다. 사직을 말리거나 사직 처리하실 거란 생각만 하고 있었는데 의외로 선생님은 다른 말씀을 하셨다.

"딱 선생님 시기에 그만두겠다고 한 간호사가 있었어요. 그 선생님을 얼마 전에 만났거든요. 지금은 병원에서 높은 연차로 일하고 있죠. 그 선생님이 그러더라고요. 그때 잡아 줘서 고맙다고요. 선생님, 지금 힘든 시기인 거 알아요. 하지만 이 말은 꼭 해 주고 싶어요. 이 시기가 지나면 그때 그만두지 않기를 정말 잘했다고 생각할 거예요."

매번 미칠 듯 마음이 먹먹해도 눈물이 나지 않았었는데 그 순간 수 선생님 앞에서 엉엉 울어 버리고 말았다.

"수 선생님, 매일매일 정말 죽고 싶어요. 정말 제가 부족해서 아무것도 할 수가 없어요. 그만둘 수 없다면 혀를 깨물어서라도 죽고 싶은 심정이에요."

그날 수 선생님은 사직 처리를 해 주지 않으셨다. 그저 우는 날 달래주기만 하셨다. 그리고 좀 쉬었으면 한다며 날 집으로 돌려보냈다. 나는 그날 하루 종일 눈물이 그치지 않았다. 이제껏 하루 종일 우는 게 가능한 건지도 몰랐다. 그러나 그렇게 혼자 펑펑 울고 있자니 눈물이 나서 오히려 다행이라는 생각이 들었다.

'내가 정말 많이 힘들었나 보구나. 이 울음이 쌓여 있었나 보구나.'

그때 프리셉터 선생님에게 연락이 왔다. 선생님은 사직 면담한 걸 아시는지 모르시는지 따뜻한 격려의 말씀을 해 주셨다. 지금까지 가르쳐 주신 선생님에게 연락을 받고 나니 죄송한 마음이 들었다.

나는 분명 모든 것을 내려놓았다. 하지만 그렇게 내려놓고 지치도록 울고 나니 정말 신기하게도 오기 같은 게 다시 솟구치기 시작했다. 이대로 포기하기엔 너무 억울했다. 그리고, 나는 다시 기도하기 시작했다.

'제발, 내가 이곳에서 견딜 수 있기를….'

사직을 철회하고 나서 난 표정이 더 없어졌다. 분노도 억울함도 자책도 없이 혼나도 나의 길을 걷자는 생각만이 나를 지배하게 되었다. 동기 선생님과 내가 속으로 계속 외치자고 했던 말이 있었다.

"마이웨이!"
"내 길을 걷자. 걷다 보면 시간이 흐르고 적응할 날이 오겠지!"

그 이후에 병원이 다닐 만해졌냐고? 그건 아니었다.

다음 날 출근할 생각만 하면 또 온몸이 아픈 듯하고 일하면서도 많이 혼나는 것은 여전했다. 집에 와서 병원 생각을 안 하려고 해도 어두운 방에서 괴로움에 얼굴을 파묻는 일 또한 종종 있었다. 하지만 시간이 해결해 준다는 말은 절대 틀린 말이 아니었다. 그 시기에 내가 가장 듣기 싫었던 말은, "견디면 괜찮아진다."로 '하루하루가 이렇게 고통스러운데 견디라니, 모순이야!'라고 생각했는데 시간이 흐르고 나니 나도 그 말을 이해할 수 있게 되었다.

항상 날 누르던 압박감과 병원에 대한 무서움은 환자 보는 눈이 넓어지며 점차 줄어들었고, 절대 친해질 수 없을 거라 생각했던 선생님들과는 근무 끝나면 맥주 마시며 대화하는 사이가 되었다. 그리고 어느덧 연차가 쌓여 병동에서 한몫을 하는 순간은 왔다. 이 모든 게 시간이 흐름에 따라, 또 병원에서의 가치를 찾아 나가면서 점차 나아졌다.

신입 때는 생각하지 못했던 일들이 계속해서 시간이라는 치료제에 의해 변해 갔다. 이런 말을 하게 될 줄은 상상도 못했는데 근무한 지 3년이 지나는 시점부턴 신입 시절 그만두겠다는 날 잡아 주신 수 선생님이 너무 감사했다. 병원이 좋아져서라기보단, 한참 힘들 때 그만뒀다면 단 며칠은 행복할지라도 결국 끝까지 버티지 못했다는 생각에 힘들었을 것 같았기 때문이다.

유튜브를 운영하면서 받는 수많은 메일 중에는 사직과 관련된 고민이 많은 비중을 차지한다. 너무 힘들어서 결정한 사직이라면 이후에 행복해져야 하는 것이 맞다. 그러나 그만둬서 행복하다는 연락은 받아 본

적이 없다. 오히려 다른 연락이 오곤 했다.

– 버티지 못한 것 같아요, 병원에 미련이 남아요. 좀 더 견뎌 볼 걸….

– 같은 병원으로 입사한 동기들은 점차 연차가 쌓여 가는데 전 여기서 뭐하고 있나…. 이직 고민이 들어요.

물론 난 그분들이 틀린 선택을 했다고 생각하진 않는다. 분명 이유가 있었을 거고 극단적인 생각까지 든다면 그만두는 게 맞다. 하지만 한번은 고민 상담 콘텐츠에 4개월 차에 대형병원을 그만두고 이후에 다시 대형병원에 지원하고자 한다는 고민을 다룬 적이 있었는데 수많은 공감 댓글이 달렸다. 그 댓글 속에서 비슷한 경험으로 아쉬워하는 많은 사람들의 생각을 읽을 수 있었다. 그만두고는 힘들다는 사연도 많았다.

동기들 다 같이 힘들어하며 그만두고 싶다고 얘기하다가 제가 제일 먼저 그만뒀어요. 배운 게 간호라 잠시의 휴식을 갖고 동네 병원에 입사했는데 다른 친구들은 힘들다고 하면서도 병원을 견디더라고요. 최근에 만났는데 이전보단 괜찮다는 이야기를 들으니 저만 괜히 뒤처지는 느낌을 받았어요. 견뎌 볼 걸 그랬나 봐요.

물론 동네 병원이 안 좋다는 건 절대 아니다. 내게 맞는 병원이 있기에 그곳을 찾아보는 것도 하나의 방법이기 때문이다. 하지만 내게 고민을 남긴 분들은 후회가 많아 보여 아쉬웠다.

일을 완벽하게 할 순 없지만 한몫을 하는 간호사가 되기까지 내게도 수많은 고난과 역경이 있었다. 그 시간을 거치면서 끝내 단단해져 누군가에게는 도움되는 간호사가 될 수 있었고, 또 후배 간호사들을 위해 조금이나마 힘쓸 수 있는 때도 찾아왔다. 정말 힘들 때 그만두고 싶은 마음을 누르고 견뎌 준 내가 너무 고마운 순간이 온 것이다. 일을 잘하든 못하든 하루하루 출근해 준 내가 그저 대견했다. 아마도 나는 이 경험을 통해 또다시 다 내려놓고 싶을 만큼 힘든 순간이 오더라도, 잘하진 못해도 꾸준히 나아가고 있는 스스로를 격려해 줄 수 있을 것이다.

내게도 악몽 같던 시기가 있었고 그 시기가 지나기까지 고통도 함께했다. 지나고 나서야 '하루하루 출근하는 것 자체만으로도 대견하다고 말해 주는 사람이 있었다면 좋지 않았을까?'라는 생각을 해 볼 수 있게 되었다. 처음부터 잘할 수 없다. 그러나 하루하루 출근하다 보면 언젠가 시간은 내게 긍정의 날을 선물해 준다는 걸 알게 될 것이다.

그리고 나는 지금 당신에게 이 말을 꼭 하고 싶다.

"지금 하루하루 출근하는 거 정말 잘하고 있어요. 대견해해도 돼요. 지금은 그거면 충분해요!"

2018년 10월, 유튜브를 통해 〈전 필요 없는 사람일까요?〉란 제목으로 응급실 신입 간호사의 고민 사연을 소개한 적이 있다. 당시 사연자는 응급실 2개월 차였고 사직을 고민하고 있었는데, 그로부터 1년여가 지난 얼마 전 반가운 메일을 받게 되었다.

안녕하세요, 널스맘 님.

전 작년 이맘때 즈음 응급실 신입 간호사로 사직 고민 메일을 보냈던 간호사입니다. 1년이 지난 지금에서야 드린 연락이 너무 늦진 않았나라는 생각이 듭니다. 널스맘 님에게 감사하다는 말씀을 드리고 싶어 이렇게 다시 한 번 메일을 드리게 되었어요.

저는 널스맘 님 말씀 덕분에 어느덧 무사히 신입 생활을 견디고 만 1년 3개월째 응급실 간호사로 무탈히 일하고 있습니다. 신입 생활 동안 절 무엇보다 힘들게 했던 제 스스로가 쓸모없는 존재 같다는 자책에서 벗어나 지금은 0.7인분의 일은 하고 있다는 생각으로, 그리고 열심히 1인분의 몫을 해내기 위해 일하고 있어요.

그토록 눈치보던 의사 및 간호사 선생님들과도 어느덧 웃으며 이야기하고 밥 먹는 사이가 되었습니다. 물론 아직 응급상황은 너무 무섭고 손이 떨리지만 그래도 내색 않고 일에 집중할 수 있게 되었습니다.

정말 널스맘 님 말씀처럼 모든 일엔 시간이 필요한 것 같아요. 언제나 차가울 것만 같던 선생님들도 결국엔 저와 같은 사람이라 저에게 익숙

해질 시간이 필요했다는 걸, 일에 능숙해지려면 그만큼 경험이 쌓일 시간이 필요하다는 걸, 그 당연한 걸 1년이 지나 드디어 깨닫게 되었네요.

낯선 장소, 낯선 사람, 낯선 일터에 쫓겨 언제나처럼 이번에도 해내야만 한다는 조급함, 절박함, 불안함밖에 없는 사람이라 그 당연한 걸 깨닫지 못했던 것 같습니다. 부모님, 친구에게도 털어놓지 못한 고민으로 눈물밖에 나오지 않았던 때에 진심으로 들어 주시고 조언해 주신 널스맘 님과 응원의 댓글 덕에 여기까지 올 수 있었던 것 같습니다.

한국에서 간호사로 성장하는 게 얼마나 힘든 일인 줄 알지만 그래도 요즘은 간호사라서 웃음 짓는 날도 있네요. 지금도 1년 전의 저와 같이 눈물로 밤을 삼키는 신입 선생님들이 있을 것 같아 그때의 제가 받았던 위로를 드리고 싶어요.

그분들에게 전하고 싶은 말은,

수능, 학점, 국시, 취업, 간호사라는 목표만을 바라보고 살아왔고 또 해내어 왔는데 마지막 목표인 간호사를 버티지 못한다고 하여 내 인생이 사라지는 건 아니라고, 죽을 것 같이 힘들면 버티지 않아도 되지만 정말 최선을 다해서 한 번은, 1년 즈음은 버텨도 후회하지는 않을 거라고 전해 주고 싶습니다.

모든 간호사분들이 언제나 행복하길 바라며, 다시 한 번 감사의 인사 전합니다!

지금도 많이 힘들겠지만 가장 힘든 고비를 무사히 견뎌 내고 이렇게 멋진 소식을 전해 준 그분께 정말 감사한 마음이 들었다.

맞다. 힘든 시기를 겪지만 시간이 해결해 주는 부분은 반드시 있기 마련이다. 살면서 한 많은 경험을 통해 우리가 느꼈던 것처럼 말이다. 시간이 흐르고 나서도 고비는 다시 찾아온다. 그럼에도 우리는 나아가고 또 나아가야 한다. 그러면서도 늘 진심으로 스스로를 응원하고 꼭 칭찬해 주는 시간을 가져 볼 것을 잊지 않았으면 한다.

그럼에도 병원에

"간호사 하면 돈 많이 받지?"

종종 월급에 대한 이야기가 나온다. 물론 다른 직장에 비해 사회 초년생치고는 상대적으로 많이 번다고 느껴질 수도 있다. 초봉이 세후 300만 원이 넘는 직장이 흔치 않으니 감사하기도 했다. 하지만 신입 시절 내게 월급은 크게 중요하지 않았다. 별 감흥이 없었다고 해야 할까. 이상하게 들릴 수 있지만 일한 대가라는 생각을 하면 허무하기만 했다.

'이 돈을 벌기 위해 내가 그렇게 일한 건가?'

괜히 원망스러운 감정까지도 종종 들었다. 워낙 돈 쓸 곳도 없던 터라 단시간에 돈이 모인 걸 보고 문득 돈을 벌면 어떤 일이 하고 싶었는지 떠올려 보곤 했지만 딱히 생각나는 것도 없었다. 사실 가족들에게 쓰는 것 이외에 돈 쓸 줄도 몰랐다. 월급을 받고도 느껴지는 허탈감은 이렇게 소중한 사람들을 위해 쓸 수 있다는 것으로 위로를 얻었다. 결국 내가 목표한 기간만큼 병원에서 일하고 웃으며 사직서를 낼 수 있었던 가장 큰 이유는 '돈'이 아닌 '환자'와 '경력'이었다.

사람마다 기준은 다르겠지만 내게 돈은 병원을 견딜 만큼 큰 힘을 주지는 못했던 것 같다. 물론 나도 입사 전에는 '한 달에 돈을 이만큼씩 모으면 몇 살쯤에는 얼마를 모았겠지.' 하며 상상해 본 적도 있었다. 그러나 입사 후엔 미래 수익의 예측은커녕 하루살이 같은 생활에 당장 내일도 어떻게 될지 알 수 없었다. 그래도 가끔은 소소한 사치도 누렸다. 이브닝 근무 때 아무것도 못 먹은 날이면, "먹고 살자고 하는 일인데!" 하며 퇴근 후 이것저것 시켜 먹기도 했다. 이렇듯 먹는 것 외에는 크게 돈 쓸 일이 없다 보니 적금을 들면서 생활했다. 언제 사직할지 모르니 사직하고 버틸 금액이 필요하다고도 생각했다(지금 생각하면 그 돈이 몇 년간 모여 현재의 사업 및 대학원 진학에 도움을 준 것 같다).

내 주변에는 일부러 비싼 물건을 사는 친구도 있었다. 갚을 빚이 있어야 그나마 하루라도 더 견딘다는 이야기는 사직 방지를 위해 들은 말 중에 가장 임팩트가 있었다. 실제로 사직 방지를 위해 빚낸 친구들은 그만둔다고 수백 번은 말한 것 같은데 결국 적응해서 지금까지도 잘 다니고 있다.

이와는 달리 생계를 유지하기 위해 간호사를 업으로 삼고 일하는 사람들도 있다. 나를 비롯해 많은 간호사들 나름의 속사정이야 다 다르겠지만, 그 이유가 뭐든 힘든 상황을 견딜 수 있는 힘이 되어 준다면 그것 자체로 가치 있단 생각을 해 보곤 한다.

이렇듯 병원이라는 곳이 힘들다고 생각하면서도 실제로 일 년 일 년 느끼고 경험하다 보니 스스로도 변해 갔다. 환자를 보는 눈, 간호하는 능력, 바닥 이하까지 떨어졌던 자존감이 점차적으로 회복되는 느낌…. 퀘스트를 깨듯 일을 해내며 짜릿함을 느끼고, 환자와 라포를 형성하고 실질적인 도움을 줄 수 있는 시기가 오기까지 숱한 어려움이 있었지만 그 길을 거쳐 왔기에 지금의 모든 것이 가능했다고 생각한다. 스스로가 대견하다는 말이 어떻게 보면 황당할 수 있지만 그런 경험이 있었기에 간호사의 세계를 더 많이 이해하고 지금의 사업을 하는 데 있어 큰 원동력과 자산이 될 수 있었다. 무너질 뻔하고 아슬아슬 줄타기를 하면서도 한 고비씩 넘기곤 했다. 그러면 상대적인 평화의 시기도 맞이하게 되었다. 그러다 다시 고비는 찾아왔다. 하지만 이 고비 또한 계속되지 않을 걸 알기에 또 버틸 수 있었다.

'1년만…, 딱 1년만 더 견디자.'

목표를 지속적으로 되새기며 나아가려 했다. 4년 차에 있었던 병원 인증평가는 신입 간호사 시절보다도 더 응급 사직의 욕구가 치솟아 올랐지만 그 시기도 견뎌 냈다. 간혹 흔들릴 때면 내가 좋아하는 선생님이 신입인 내게 해 줬던 쿨한 그 말을 떠올리기도 한다.

"야, 직장이 좋으면 직장이 아니야."

이 말은 다른 그 어느 말보다 나의 가슴속에 깊게 새겨졌다. 실제로 경험하며 알게 되었듯 환자를 간호하겠다는 숭고한 사명감과 보람만으로는 병원을 온전히 받아들이기에 부족했다. 병원은 사직 욕구를 건드는 수많은 외부요인이 존재하기 때문이다. 수많은 마인드 세팅을 '반복'해야 하며 마지막까지 무너지지 않기 위해 방어막이 필요했다. 그래서 가슴속에 새긴 이 말로 나는 애초에 직장에 대한 기대심을 버렸다. 직장은 원래 좋을 수 없는 곳이고 병원도 하나의 직장일 뿐이라고 인정해버리니 내부에 있던 인내심의 마지막까지 끌어올릴 수 있었다.

어떻게 보면 안타까운 이야기이지만 기대감을 내려놓을 때 나를 더 지킬 수 있다고 생각한다. 그리하여 나는 내가 가진 목표를 이루기 위해 계획했던 시간보다 더 오래 병원과 함께할 수 있었다.

자존감의 변화

"너 이것도 못해?"

이 말에 또 자존감은 바닥을 친다. 이제 내성이 생길 법도 했지만 또 다시 자책하기 시작하는 나.

마음은 늘 공허했고 마음을 스스로 품어 주지 못했기에 나는 외부 자극에 쉽사리 흔들렸다. 병원에서 근무하며 알았다. 스스로를 사랑하지 못하는 사람이라는 것을. 내가 나를 낮춰 말한다는 것을 주변 사람들과 대화하면서도 느꼈다.

나도 나를 품고 싶었다. 하지만 그럴 에너지도 없었고 그걸 부추길 만한 자극도 없었다. 가만히 누워 긍정확언과 자존감을 높일 수 있는 강의를 들어 보기도 했지만 억지로 자존감을 높이려고 하면 끊임없이 인정받고자 하는 욕심이 생겨 오히려 역효과를 보기도 했다. 병원에서 연차가 쌓이면서 어느 정도는 자존감이 회복되었다고도 느꼈으나 쌓인 연차만큼 높아진 기대치를 충당해야 했기에 그것을 좇기에 바빠 자존감은 흔들리기 일쑤였다.

간호사로 근무하면서 가장 많이 느꼈던 것은 아주 잘해도 평균을 웃도는 평가를 받지 못한다는 것이었다. 병원 문화는 칭찬에도 인색하고 일을 더 잘하는 직원에게 추가 보상이 있는 경우도 드물다. 일을 잘하면 그건 직원이 할 당연한 도리라고만 생각하는 것 같았다. '별말 없이 넘어가든지, 혼나든지' 이 두 개만 존재하다 보니, 근무하면서 질책만 받는 내가 자꾸 한심하게 느껴졌다. 환자를 돌보는 일 자체는 너무 좋은데, 가끔 놓치는 부분이 생기면 환자 볼 자격까지 운운하며 또다시 스스로 자존감을 낮추는 일이 반복되었다.

병원을 그만두고도 약간의 후유증은 존재했었다. 그러나 일하며 바쁜 와중에도 꾸준히 유튜브 채널을 운영하고 틈틈이 글도 쓰면서 내가 더 쓸모 있는 사람이 될 수도 있겠다는 생각으로 후유증의 잔재들을 조금씩 밀어내려 했다. 나는 남들에게 도움을 줄 수 있는 범위가 넓어질 때 스스로 쓸모 있는 사람이라고 느꼈기 때문이다.

자존감을 높일 수 있는 방법은 많겠지만 답은 결국 본인만이 찾을 수 있을 것이다. 자신의 건강한 삶을 위해 스스로 어떤 경우에 자존감이 높아지는지를 떠올려 보길 바란다.

존경하는 간호사를 만나다

한번은 인터넷에서 이런 글을 본 적이 있다.

"직장에서 롤모델 찾으려 하지 마세요. 그 사람도 어차피 먹고 살자고 하는 일이에요. 이곳은 돈을 버는 곳이라고요."

입사 전에는 이에 공감했다. 하지만 만일 같이 일하는 선생님들에게 배울 점을 찾지 못했다면 이 일을 지속할 수 있었을지 모르겠다.

신입 간호사 시절에는 함께 일하는 간호사들은 부족한 게 없는 것 같았다. 난 시간이 지나도 일을 잘할 수 없을 것 같은 불안감에 휩싸여 집에 와서도 잠을 제대로 잘 수도 밥을 제대로 먹을 수도 없었다. 그러자 갈수록 몸도 정신도 온전치 못한 느낌을 받았다.

어느 날 출근해서 인계를 듣던 중에 갑자기 숨쉬기가 힘들고 눈앞이 흐려졌다. 주변 선생님들의 목소리가 들리는데 삐- 하는 소리와 함께 숨이 가빠져 왔다. 그리고는 정신을 차리기 힘들었는데 얼마 후 정신이 들어 주위를 둘러보니 내가 수액을 맞으며 응급실에 누워 있었다.

'헉.'

순간, 일하고 있지 않은 내가 무서워 소름이 돋았다. 난 올라가서 일해야만 했다. 알콜솜도 없이 무작정 정맥주사를 뽑고 출구로 나가니 응급실 의사와 간호사들이 나를 잡았다.

"놔 주세요. 저 올라가야 해요. 여기 있으면 안 돼요."

나는 여전히 정신을 차리지 못한 채 빨리 병동에 올라가야 한다는 말만 반복하며 서둘러 엘리베이터에 올랐다. 흐트러진 머리망을 빠르게 매만지고 다시 병동으로 돌아가 활력징후를 측정하려고 혈압계와 체온계를 들고 환자에게 갔다. 그런데 그때 또다시 눈앞이 안 보이고 숨쉬기가 힘들었다.

"간호사님?"

나는 환자 팔에 혈압계를 감아 놓고는 환자의 부름에 대답도 하지 못하고 바로 옆 린넨실 바닥에 누워 버렸다. 차라리 응급실에서 올라오지나 말지…. 안 그래도 일도 잘 못하는데 하루 만에 두 차례나 선생님들에게 피해를 주게 된 것이다. 다시 정신을 차렸을 땐, '난 이제 병원에 다닐 수가 없겠구나. 그만둬야겠다.'는 생각을 하게 되었다. 그때 병동 간호사 몇 분이 나를 걱정스럽게 바라보시며 진료를 받을 수 있게 도와주셔서 나는 그날로부터 2박 3일 입원을 하며 여러 검사를 받게 되었다. 그때 그 감사함은 어떻게 표현할 수가 없었다. 날 진심으로 싫어한다고 생각했는데 진심 어린 걱정과 지지를 해 주는 선생님들에 대한 감사함에, 그만두기보다는 더 잘해 보고 싶다는 생각이 들었다. 선생님들의 다독임이 신입 간호사인 나에게 얼마나 큰 힘이 되는지도 느끼게 되었다. 그래서 입원해 있는 동안 퇴원 후 어떻게 더 열심히 일할 수 있을까 고민하는 시간을 가지게 되었다. 몸도 마음도 힘든 시간이었지만 그렇게라도 잠깐의 휴식과 고민의 시간이 없었다면 난 나로 살지 못하고 마음만 병들어 갔을지도 모른다.

병원 생활을 돌아보면 함께했던 병동 선생님들이 떠오르는데 진심으로 존경스러운 분들이 많았다. 환자를 마음으로 보려 했고 잠시 앉아 있는 시간도 사치라 생각하며 환자를 향해 있는 선생님들의 모습. 그런 선생님들을 바라보며 나 또한 배우고 성장할 수 있었던 것이다.

도도하지만 환자를 꼼꼼히 보시며 따뜻하게 날 챙겨 주던 선생님, 털털한 성격으로 부족한 나를 이끌어 주던 선생님, 늘 감사한 프리셉터 선생님, 신입 간호사 시절부터 고민을 들어 주던 예쁜 미소를 가진 선생님, 처음 암 환자 간호에 대해 알려 주던 천사 선생님…. 많은 선생님들이 떠오르지만 병동의 20년 차 선생님이 가장 기억에 남는다. 매번 잘하고 싶었던 마음과는 달리 실망도 많이 드렸는데 그럼에도 항상 믿어 주고 신경써 주던 분이었다. 그만큼 내가 의지를 많이 했고 직장 내에서 내가 마음을 터놓고 이야기할 수 있는 분이기도 했다.

한번은 선생님이 나를 불렀다.

"진선아 너도 언젠가 응급상황이 되면 함께할 텐데 응급상황이 아닐 때 알아 두자."

그리고는 응급카트를 열어서 하나하나 알려 주며 너도 언젠가 할 수 있을 거라고 응원해 주셨다. 어려운 상황에선 슈퍼우먼처럼 도와주시다가도 때론 엄마처럼 따뜻했던 선생님. 한번은 다른 과와 마찰이 생겼는데 다짜고짜 욕을 듣고도 당시엔 모든 게 내 잘못인 것 같아 화도 내지 못하고 돌아온 적이 있었다. 너무 화도 나고 속상한 마음에 병동에서 울고 있었는데 그 모습을 본 선생님이 "왜 그래! 무슨 일이야."라며 자초지종을 듣더니 다독여 주시고 내 편이 되어 주셨다. 그리고 그날 그 선생님과 5년 차 선생님 그리고 내가 함께 퇴근 후 먹었던 삼겹살은 정말 잊을 수 없는 기억이 되었다. 이런저런 일이 있어도 결국 동료들이 내 마음을 잘 헤아려 주고 위로가 되어 주는 것 같다.

시간이 지나고 나서는 편해져서 별의별 고민까지 말하고 좋은 일, 신기한 일이 있을 때 조금 일찍 출근해서 나누던 이야기도 즐거웠고 맛

있는 것을 함께 나누는 것도 즐거운 일상이 되었다.

그러다 다른 병동의 수 간호사가 되신다는 소식을 듣고 진심으로 축하드리면서도 얼마나 아쉬웠는지 모른다. 송별회 날 발걸음이 떨어지지 않을 정도였지만, 나는 마음을 담아 이름을 새긴 만연필 선물과 편지를 준비했다.

'선생님은 제 롤모델이에요. 신입 시절 제게 큰 힘이 되어 주셔서 진심으로 감사합니다!'

퇴사 후 다시 선생님을 찾아뵀을 땐 더 편했다. 옛 동료이자 롤모델이었던 선생님. 내 경험으로 보면 직장에서 롤모델을 찾는 것은 행운과도 같은 일이다. 이처럼 긍정의 힘을 믿으며 행운을 찾고자 노력하고 그것을 누리는 이들이 많길 희망한다.

프리셉터의 일기

"인간은 완벽할 수 없다. 그렇기 때문에 나도 완벽하지 않고 앞으로도 완벽할 생각은 없다."

『국제간호사 길라잡이』 김미연 저자가 나와 함께한 유튜브 인터뷰에서 했던 이야기이다. 이 말을 들었을 때 무언가 큰 깨달음을 얻은 듯했다. 우리는 무엇으로 인해 고통받는가에 대한 생각을 계속하다, 완벽하기 위해 부족함에 채찍질하고 이것이 단순히 나에게만이 아닌 남에게도 화살이 돌아가곤 한다는 것을 깨닫게 되었다.

나는 입사 1년이 조금 지난 시점부터 신입 간호사의 액팅을 가르치는 일을 맡게 되었다. 굉장히 빠른 시기에 맡게 된 것이라 나도 아직 부족한 점투성이이지만 그렇게 할 수밖에 없었다. 그래서 신입 간호사에게 늘 미안한 마음이 앞섰다. 입사 3년 차가 되자 단순 액팅을 가르치는 일을 넘어 신입 간호사 독립까지 시켜야 했다. 3년 차가 되었어도 부담감은 컸고 신입 간호사에게 괜히 미안한 마음이 드는 것도 여전했다.

내가 가르친 신입 간호사는 굉장히 똑똑하고 야무진 친구였지만 익숙해지는 데 시간이 필요했다. 그걸 기다려 주며 알려 주어야 했지만 병원이 각박하게 돌아가다 보니 압박적인 환경에서 무한정 기다려 줄 수도 없었다. 이는 내 잘못도 신입 간호사의 잘못도 아니었지만 그 과정 속에 서로 지쳐만 갔다. 서로가 서로에게 완벽을 바라는 건 애초에 불가능한 일이었다. 전제가 바뀐다면 모를까….

1. 시간이 업무 능력이나 적응을 어느 정도 해결해 줄 수 있다.

2. 유한적인 시간에 내가 가르칠 수 있는 것은 한계가 있다.

3. 완벽한 상태에서 독립하는 건 불가능하다.

이러한 상황에서라면 목표 변경에 들어가야 한다고 생각했다. 내가 정한 목표는 신입 간호사의 자존감을 지키는 것이었다. 나를 사랑하지 못해 계속 무너지려 했던 나의 신입 시절이 있었기에 그것만은 꼭 지키고 싶었다. 하지만 각박한 시간 속에 그 목표를 고수하는 것도 쉽지 않았다. 신입 간호사가 힘들다는 말을 할 때마다 연차가 낮은 내가 프리셉터라는 게 괜히 미안해졌다. 잘 가르칠 수 있다는 자신감도 있었지만 내게도 위 연차 선생님들이 무서웠고 인계 때 떨리기도 했기 때문에 내가 다 커버해 줄 수도 없는 상황이었다.

한번은 신입 간호사가 실수를 하고는 그녀의 입에서 가장 먼저 나온 말이 나를 당황하게 만들었다.

"선생님, 제가 실수한 거니까 실수 제가 이야기할게요."

내가 혼나는 게 신입 간호사도 내심 미안하고 힘들었던 것이다. 이런 것까지 신경쓰는 모습이 오히려 마음이 아팠다. 하지만 나도 아직 연차가 높지 않아 대신 혼나는 것과 내가 더 발전하여 잘 가르쳐 주는 것 외에는 방법이 없었다. 내가 신입 간호사일 때는 몰랐다. '프리셉터 선생님은 원래 일을 잘 하시니까.'라고 생각했을 뿐, 이런 부담감은 상상도 못했다. 막상 프리셉터의 입장이 되니 그 무게감을 견뎌 낸 간호사들이 대단하다는 생각까지 들었다. 신입 간호사의 실수도 내 실수 같아 집에 오면 마음이 무겁고 힘든 하루하루가 이어졌다. 게다가 신입 간호사 트레이닝에 인증평가까지 겹치면서 예민함이 커지기도 했다.

하루는 묵묵히 잘해 왔던 신입 간호사가 탈의실에 들어오자마자 눈물을 쏟았다. 달래 준다며 등을 토닥거리면서도 우는 모습을 보고 있자니 나도 계속 울컥했다. 그래서 토닥이는 것 외에는 어떤 말도 할 수 없었다. 지금 얼마나 마음이 무겁고 힘들지, 나도 그 시간을 겪어 왔기에 너무 잘 알지만 조금만 더 견뎌 줬으면 하는 마음뿐이었다.

한번은 함께 인계연습을 했다. 그러나 연습 때 줄곧 잘하던 것과는 달리 실제 인계 시간이 되니 그렇지 못했다. 인계받는 선생님은 불편한 기색을 내비쳤고 신입 간호사는 머릿속이 새하얗게 변한 건지 인계를 잠시 멈췄다가 다시 버벅대기 시작했다. 이렇게 가다간 병동에서 혼나게 될 걸 직감한 나는 그 인계를 넘기기 위해서 개입하기 시작했다.

"아니, 선생님! 이거 이렇게 이렇게 돼서 이렇게 된 거였잖아요. 이다음 인계하세요!"

인계받는 선생님도 내가 그러니 당황하는 눈치였다. 다행히도 그날 나 외에는 큰소리 없이 인계가 끝났다. 그러나 혼내고 나서 마음이 너무 불편했다. 인계가 끝나자마자 신입 간호사에게 내가 그럴 수밖에 없었던 이유에 대해 이야기해 주었다. 잘해 주고 싶어도 프리셉터가 마냥 잘해 주면 다른 선생님들의 따가운 시선을 받게 될 수 있고 신입 간호사가 더 많이 혼날 수 있다. 프리셉터가 좀 강하게 하면 두 번 혼날 거 한 번만 혼나게 되는 걸 경험한 적 있었던 나였기에 의도적으로 너무 잘해 주지 않으려 하기도 했다.

좋은 프리셉터는 착한 프리셉터일까, 잘 가르쳐 주는 프리셉터일까? 이것에 대해 많이 고민하기도 했다. 그러는 중에 나만의 철칙도 만들었다. 신입 간호사 교육 과정에서 알려준 것을 반복해서 실수할 때면 화가 나기도 했지만 뒤에서(혹은 남들에게) 내 프리셉티의 실수를 발설하거나 험담하지 않았다. 나만큼은 품어 주어야 한다고 생각해서였다. 사실 신입 시절 앞말, 뒷말을 보고 들으며 신경쓰지 않으려 해도 기분이 좋지 않았다. 그리고 그런 게 반복되면 색안경을 끼고 상대를 보게 된다는 것도 잘 알았다. 그런 걸 알고 있기에 더 조심하려 노력했는지도 모른다.

어렵고 힘든 시간을 겪다 보니 정말 신기하게도 독립의 시간은 왔다. 나를 가르친 프리셉터 선생님도 이런 마음이었을까? 물가에 아이를 내놓는 것 같았다. 물론 잘할 능력이 충분하지만 혹시나 하는 마음으로 노심초사했다. 인간은 완벽할 수 없고 완벽하게 가르쳐서 독립시킬 수 없음에도 그때는 부족한 모습이 더 눈에 들어왔다.

문득 나의 프리셉터 선생님이 스치고 지나갔다. 일은 철두철미하지만 일이 끝나고는 그 누구보다 따뜻하신 분이었던 프리셉터 선생님. 실수하며 선생님을 실망시키고, 많이 혼나서 풀이 죽어 집에 들어간 날이면 다음부턴 더 잘하자며 장문의 격려 문자를 보내 주시곤 했던 프리셉터 선생님 덕분에 이 병원 환경을 견딜 수 있었다. 그땐 어떻게 감사의 마음을 표해야 할지 모를 정도로 좋았는데…. 시간이 지나고 나서 더욱 프리셉터 선생님에 대해 위대함과 감사함을 새삼 느끼며, 나도 그런 프리셉터가 되기 위한 고군분투는 그 후로도 계속되었다.

프리셉터는 신입 간호사가 처음 임상에 들어왔을 때 굉장히 중요한 역할을 한다. 때때로 무너지고 힘든 시간을 보내게 되는 신입 간호사를 간호사 한 사람으로서 이끌어 주는 프리셉터야말로 진정한 '선생님'이 아닐까 생각해 본다.

내가 의지했던 환자들

"아고, 암 환자를 간호한다고요? 정말 힘들겠어요."

때때로 들었던 말이다.

간호는 감정적, 육체적 노동이 동반되어야 하기에 힘든 직종에 속하지만 간호만의 매력도 분명 존재했다. 그중 가장 큰 건 환자들에게 받는 에너지였다. 암 병동에서는 극심한 통증과 증상의 악화로 괴로워하는 환자와 마주하게 되고 죽음에 이르는 경우도 자주 보게 되어 무거운 분위기이지만, 그만큼 마음이 한없이 따뜻해지기도 하는 곳이다.

암 병동은 지속적으로 입·퇴원을 반복하는 환자들이 많다 보니 입원 예정 이름만 봐도 환자의 상태와 신상에 관한 정보들이 자연스럽게 그려질 정도였다. 그래서 간호사들도 늘 특정 요구를 하는 환자에게는 요구 사항을 미리 준비해 두는 세심함도 보였다. 그만큼 환자와 신뢰감과 친밀감이 빨리 형성되기도 하고 오랜 시간 함께하며 편한 사이가 되기도 한다. 이곳에서 일하기 전에 상상하기 어려웠던 것은, 환자들이 병원을 집과 같이 친근하고 안정감을 느끼는 곳으로 생각한다는 것이었다. 환자들은 주기적으로 입원할 뿐 아니라 병원에 장기간 입원해 있는 경우도 많기 때문이다. 살림살이들이 환자용 캐비닛에 쌓이고 입원 기간이 길어지게 되면 의료진에게 더 의지하는 게 느껴졌다. 입원을 위해 병동에 오자마자 퇴원 후 집에서 있었던 일을 토로하며 속상한 마음을 을 드러내는 경우도 많았다.

"퇴원하고 집에 갔는데 죽을 좀 먹는 것 같더니, 이제는 뭘 먹지를 못해요. 그러니 기운도 없나 봐요."

"물은 좀 드셨어요? 속상했겠어요. 입맛 돋우는 약이랑 영양수액 들어가고 있으니까 기운을 좀 차리셨으면 좋겠어요."

그런 말에 보호자는 감사함을 표하고 의료진을 질병을 이겨 내기 위한 동반자로 받아들여 주었다.

환자들 중에서는 면역수치(ANC)가 떨어져서 저균식만 섭취하며 역격리를 하고 있는 경우가 많다. 또한 면역수치가 낮으면 항암치료를 할 수 없는 경우도 많다. 그렇기 때문에 환자는 혈액검사 후에 결과가 나오기만 기다린다. 면역수치가 올랐다는 기쁜 소식을 전할 수 있으면 좋겠지만 그렇지 못할 때도 있었다.

"환자분, 오늘은 면역수치가 전일과 비슷하네요. 오늘은 면역수치가

700이에요."

"그래요. 그래도 5나 올랐네요! 내일은 더 오르겠죠?"

실망한 눈빛을 잠깐 비췄다가도 이내 긍정적으로 생각하려 노력하는 게 눈에 보였다. 그러다 면역수치가 올라서 항암을 할 수 있게 되는 날에는 그걸 전하러 가는 나도 기분이 좋아 저절로 미소가 지어졌다.

"환자분! 오늘 면역수치 올랐어요! 오늘 12시부터 항암치료가 시작될 거예요."

면역수치가 올라서 저균식이 아닌 일반식을 먹으며 행복해하는 환자의 모습을 볼 때면 나도 소소한 행복을 느끼며 작은 것에도 감사하는 마음을 가지게 된다. 늘 당연하게 밥을 먹는 내 삶에 감사하고 환자를 돌볼 수 있는 건강상태를 갖고 있음에 또 감사했다. 또한 환자의 심폐소생술에 정신이 없을 때, 통증을 참았다가 상황이 종료된 후 그제서야 아팠다고 말하는 환자의 말을 들으면 미안한 감정이 물밀듯 밀려오기도 했다. 이렇듯 간호사의 상황을 살펴 주는 환자들도 많다 보니 때론 서로가 서로를 배려하는 상황이 나타나기도 했다.

사실 환자를 간호하고는 있지만 나도 늘 온전치 않았다. 이리저리

치이느라 힘든 마음을 애써 누르고 눈물도 삼키며 아무 일도 없었다는 듯 환자를 간호해야 했기에 항상 불안정했다. 그럴 때면 내게 따뜻한 말을 건네는 환자가 의지가 되곤 했다. 나보다도 힘든 상황을 견디고 있는 그들에게서 듣는 짧지만 고마운 말들.

"힘드시죠."

"감사합니다."

간호도 결국 사람과의 관계인지라 느끼는 바가 많다. 흔히 말하는 '진상 환자'가 존재하기도 하지만 사실상 좋은 사람들이 훨씬 더 많았다. 그들을 간호하며 힘을 얻고 감사했던 그때를 떠올리며 잠시 그리움에 젖기도 한다.

누군가 그랬다. 봉사를 하면서 힐링을 한다고. 물론 '간호사'는 직업이며 대가를 받고 일하지만, 환자를 돌보며 느끼는 보람 속에 때론 힐링하는 내 모습을 볼 수 있었다. 간호의 가치를 어떻게 책정할 수 있을지는 모르겠으나 함께 소통하며 동반자로 함께하는 이 특별한 경험은 내게 있어 높은 가치를 지니며 내 마음속에 자리잡고 있다.

언제나 내 옆에

언제 들어도 따뜻한 말은, 부모님이 불러 주시는 이 한마디,

"우리 딸."

늘 감정에 솔직한 편이었던 나는 집에서도 천방지축 둘째 딸이었다. 상대적으로 조용한 언니와 남동생 사이에서 애교 많은 둘째 딸로 집안 분위기를 좌우하기도 했다. 혼자 노래를 만들어서 흥얼거리기도 하고 집을 뛰어다니기도 곧잘 했다. 밖에서는 내성적이고 조용한 아이, 집에 오면 수다왕. 이렇듯 내 모습을 온전히 보여 주는 곳은 집뿐이었다.

"오늘은 정말 행복한 날이에요! 저녁도 맛있고 다 좋아요."

내가 가장 많이 했던 말은, "행복하다."였다. 삶이 이렇게 행복한데 더 크게 행복을 표현할 수 없는 게 아쉽게 느껴지기도 했다. 대학교 시절에도 공부하느라 제대로 잠을 자지 못해 빨간 눈으로 부모님을 마주

해도 요즘 너무 행복하다는 말을 하곤 했다. 내가 하고 싶었던 간호학이었기에, 생각보다 힘은 들었지만 이 시기를 잘 해내면 미래에 내가 원하는 삶을 살 수 있을 것 같아 행복하다 느꼈다.

부모님은 가끔 날 보며 너무 밝아서 유리 같다고 표현했다. 밝은 모습만 보이니 깨질까 염려가 되어 하신 말씀이었다. 하지만 어릴 때부터 부모님의 사랑 아래 자라며 내 자신을 깊이 사랑하고 남들과 비교하여 질투하는 일도 좀처럼 없었으며 자존감이 높아 상처를 쉽게 받지도 않았던 나는, 대학생 시절 여러 아르바이트를 하며 꿋꿋하게 잘 해내는 모습을 부모님께 보이며 항상 괜찮다고 큰소리쳤다.

그러나 병원에서 일하게 되면서부터 부모님의 우려는 현실이 되었다. 태움을 당하더라도 이겨 낼 수 있을 거라 생각했던 것과는 달리 나는 부모님께 몇 번이나 무너지는 모습을 보이고 말았다. 내가 병원을 너무 쉽게 본 것이었을까? 자존감이라곤 찾아볼 수 없을 정도로 나약해진 나는, 가끔은 홀로 어둠속에 들어가 꽁꽁 싸매고 있기도 했다.

"저… 정말 바보예요. 진짜 간호사할 자질도 없으면서 뻔뻔하게 간호사 하는 것 같아요."

쓰러질 듯 아슬아슬한 줄타기를 하는 모습에서 부모님의 마음은 더 타들어 갔다고 한다. 언제나 열심이었던 딸. 공부도 그런대로 잘해 와서 병원 생활도 어떻게든 해낼 거라 생각했는데, 현실은 더이상 행복이란 단어는 꺼내지도 않는 무표정한 딸이 되어 있었다.

가족이 내 이야기를 듣고 마음 아파할 걸 잘 알면서도 가끔은 의지할 수밖에 없었다. 단 한 명이라도 나를 믿어 주고 지지해 주는 온전한 내 편이 필요했던 것이다. 그럴 때면 내가 불효녀처럼 느껴지기도 했지만, 그렇게 가족에게 기대지 않고 홀로 이겨 낸다는 것은 상상할 수 없었다.

아버지와 어머니는 성격이 정반대다. 아버지는 박학다식하며 말을 잘하셔서 내가 고민을 이야기하면 상황에 대해서 일목요연하게 정리하시고 현실적인 조언을 해 주시곤 한다. 그렇게 함께 얘기하다 보면 몇 시간이 훌쩍 지나 있곤 한다. 전형적인 '딸 바보' 아버지라, 언제나 내가 관심 있는 분야라면 함께 관심도 가져 주셔서 철학을 좋아하는 나를 위해 도서관에서 책을 읽어 보시고 새벽 2시까지 토론했던 일도 있었다. 내 고민을 진심을 다해 들어 주셨고 무너지지 않도록 정신적인 지지를 많이 해 주셨다. 병원 근무에 있어서도 내가 무너질 것 같을 때마다 현실적으로 어떻게 하는 게 좋을지 함께 자료를 찾아 가며 해결방안을 모색해 보기도 했다.

이에 반해 어머니는 적어도 내 생각엔 이 세상에 천사가 내려왔다면 어쩌면 나의 어머니가 아닐까 할 정도로 참 따뜻하고 온화한 분이다. 그리고 나의 고민에 정서적으로 공감을 해 주신다.

"우리 딸, 정말 많이 힘들었겠구나. 지금 너무 잘하고 있어서 엄마는 딸이 늘 자랑스러워. 사랑해 딸."

몸과 마음이 지쳐 있을 때 어머니와 통화를 하게 되면 이 세상에 온전한 내 편이 있다는 것을 다시금 느끼며 견딜 힘이 생겨나곤 했다. 어머니는 실질적인 해결책을 제시하기보단 내게 심리적으로 기댈 수 있는 편안함과 따뜻한 버팀목이 되어 주셨다.

자립심 강하고 착하고 유쾌한 성격으로 어디를 가나 인기가 많은 언니와 본성 자체가 착하고 누나 생각을 많이 해 주는 남동생까지, 내겐 늘 방파제 역할을 톡톡히 하는 가족이 있었다. 내게 가족은 선물이었고 온 우주였다. 그런 지지체계가 있었기에 힘든 직장생활을 이겨 냈고, 이후 더 큰 꿈을 향해 발걸음을 내딛을 수 있었다.

최근 들어, 가족에게 이렇게 말하고 있는 나를 발견하게 되었다.

"엄마, 아빠, 이 세상이 너무 아름답고 행복한데 행복한 마음을 어떻게 표현해야 할지 모르겠어요."

다시 해맑던 나로 돌아가 애교 많은 둘째 딸의 모습으로 살아가게 된 것이다. 비록 밖에서는 무뚝뚝할 것 같다는 말도 듣는 나이지만 집에서만큼은 언제까지나 해맑은 둘째 딸이고 싶다.

나 혼자 모든 것을 해결하려 하던 때도 있었다. 그러나 그렇게 해서는 해결책을 찾기 어려울 때가 많았다. 한없이 작아지는 날 느끼게 되었을 뿐. 내가 사랑받을 자격이 충분한 사람이라고, 내가 이 세상에 태어난 게 가치 있다고 말해 주는 누군가가 옆에 있다는 것이 이토록 중요한 것임을 경험을 통해 몸소 깨닫게 된 것이다. 누군가에게 의지하는 것이 꺼려지고 위태롭다 생각할 수도 있겠지만 어쩌면 이것이 '살아가는 것'이 아닐까 생각해 본다.

운이 좋게도 언제나 내 옆에서 내 편이 되어 주는 온 우주 같은 가족이 있었기에 나에게 온 고난을 견뎠고 작은 것에 감사하는 마음을 가질 수 있게 되었다. 그리고 앞으로 나아갈 힘도 얻었다. 앞으로도 그저 지금처럼 끊임없이 웃고 행복해하는 내 모습을 사랑하며 성장해 가고 싶다. 그리고, 언제나 내 옆에서 한없이 사랑을 주는 나의 가족에게, 이제는 내가 받았던 것보다 커다란 사랑을 베풀어 주고 싶다.

우리, 소속감

'동료 간호사가 내게 관심이 없었으면 좋겠다.'

'동료 간호사가 나에게 말을 안 걸었으면 좋겠다.'

⋮

이런 생각이 주로 머릿속을 채웠던 때가 있었다. 그러다가도 '나도 저들과 친해질 수 있을까, 웃으며 대화할 날이 올까?'라는 생각을 하기도 했다. 이중적인 감정이었다.

입사 3개월쯤 가게 된 첫 야유회. 나는 걱정부터 앞섰다. '나랑 같이 가면 선생님들이 싫어하실 텐데…. 내가 가도 되는 곳인가?' 늘 따뜻했던 수 선생님이 다른 부서로 이동하게 되면서 송별회를 겸해서 한강에서 모이기로 한 것이었는데, 밖에서 다른 선생님들을 만나는 건 처음이라 안절부절하며 모임 장소로 나갔다.

자리를 잡고 텐트를 친 우리는 음식을 이것저것 시켰는데 목포에서 올라오는 길이라며 회를 사온 선생님 덕에 메뉴는 더 풍성해졌다. 모처럼 야외에 나와 맛있는 음식도 먹고 편안하게 이런저런 대화도 나누며 즐거워했지만, 나는 여전히 막내 간호사라는 생각으로 긴장의 끈을 놓지 못했다. 그러나 시간이 조금 흐르자 병원 안의 분위기와는 다른 따뜻함을 느낄 수 있었다. 병원 밖의 선생님들은 표정도 밝고 따뜻한 말도 건네주는 좋은 분들이라는 인상을 받게 된 것이다. 그날 집에 와서 이런저런 생각을 했다.

'선생님들과 친해질 수 있을까, 나도 이 병동의 일원이 될 수 있을까.'

그로부터 1년 뒤. 어느 날 한 선생님이 물었다.

"이번에 야유회 갈까? 어디로 갈래? 서울대공원 야유회장 있다!"

"완전 좋아요. 저 그럼 놀이공원에서 놀다가 야유회장으로 갈래요! 거기 가면 고기 먹어요?"

"그래그래, 시간 되는 애들 먼저 만나서 놀아."

절대 오지 않을 것 같았던 소속감은 생각보다 빨리 찾아왔다. 야유회 갈 생각에 신나서 선생님들과 함께 계획을 세우기도 했다. 그렇게 가기 싫었던 회식이 선생님들과 맛있는 것도 먹고 술도 마실 생각으로 재밌겠단 생각이 드는 날이 온 것이다. 야유회 날은 마침 휴일이라서 놀이공원에 미리 가서 놀아야겠단 생각뿐이었다.

그날은 시간 되는 선생님들과 먼저 만나 놀이기구도 타고 인형 뽑기도 하며 낮시간을 즐겼다. 저녁에는 야유회장에서 함께 고기도 구워 먹고 술도 마시며 이런저런 이야기를 나눴다. 너무 많이 웃고 떠들어서 목이 쉴 정도였다. 자리를 옮기며 여러 선생님들과 대화를 나눈 소중한 시간이기도 했다. '내가 이곳에 소속감이 있는 건가?'라고 생각할 이유도 겨를도 없이 그날은 신나게 놀고 또 놀았다.

절대 오지 않을 것 같았던 시간은 생각보다 빨리 찾아왔고, 고민했던 시간이 무색하리만큼 동료의식도 강해졌다. 압박적인 병원 환경에서는 서로가 예민한 모습이었지만 병원 밖에서는 서로의 허물도 덮어주는 따뜻한 모습이었다.

시간이 모든 걸 해결해 준다는 말을 믿고 싶지 않았던 때도 있었다. 나를 미워하는 사람들과 좋은 관계가 된다는 것은 상상하기 힘들기도 했고, 관계가 좋아진 후라 해도 이전에 느낀 마음의 앙금을 없애기 힘들 것 같았기 때문이다. 하지만 시간은 모든 걸 해결해 주었다. 그리고 나도 괜찮았다. 과거는 과거일 뿐 나의 동료로 느낀 이상 더이상 미워하고 싶지 않았다.

대학 시절부터 내 책상에 항상 붙여 두었던 문구가 있었다.

남을 미워하면 내 마음이 얼룩진다.

남을 위해서가 아니라 나를 위해서였다. 사실 남을 싫어하지 않는 건 어려운 일이다. 남을 싫어하는 것만큼 쓸데없는 감정소비는 없다고 생각했기에, 화가 주체되지 않을 때는 명상 시간을 가지며 스스로를 단련해 왔다. 학창 시절, 대화도 별로 해 보지 않았던 한 친구가 나를 싫어한 적이 있었다. 그때 나는, '저 친구는 나를 싫어하기 위해 감정을 소비하고 스스로 스트레스를 받는다.'고 생각하며 나도 그와 똑같은 사람이 되지 않기 위해 관심을 기울이지 않고자 노력했다. 남을 싫어하면서 오는 스트레스는 불필요하다고 생각했기 때문이다. 그리고 과거의 상처에 연연하여 불편한 감정을 현재까지 끌고 오는 것도 경계하여, 명상을 통해 잊고 용서하려 노력했다. 놀라운 점은 그로 인해 내 마음이 한결 편안해지는 경험을 한다는 것이다.

어차피 마주쳐야 할 동료라면, 싫다고 몰래 눈을 흘길 것도 아니라면 오히려 친해지는 것도 방법이었다. 심하게 혼내는 선생님들이 미운 적도 있었고 상처도 남아 있었지만 그 아픔 때문에 계속해서 스트레스 받고 싶지 않았다. 안 그래도 충분히 힘겨운 병원 생활, 누군가를 미워하기에는 에너지가 부족하기도 했다.

분명 신입 시절에는 겉도는 느낌이 들 수 있다. 그러나 간호사 이직률이 40%에 육박하고 있는 현실에서 언제 퇴사해 버릴지 모를 신입에게 처음부터 온전히 정을 주기 어려운 선임 간호사를 생각해 보면 이해하기 어려운 일만도 아니다. 업무 능력과 무관하게 시간이 지나면 자연스럽게 일원으로 받아들이는 시점은 온다. 서로가 서로에게 적응할 시간이 필요한 것이다.

얼마 전 한 응급실 간호사를 만났다. 오랜 기간 병원에서 근무한 그녀는 내게 이런 말을 했다.

"병원 일이 힘들긴 한데 같이 근무하는 동료들이 좋아서 못 그만둬요."

나는 그 마음이 뭔지 알 것 같기도 했다.

유튜브를 통해 신입 간호사들이 소속감을 느끼지 못하고 왕따를 당하는 기분이 든다는 이야기를 듣곤 한다. 그러나 그건 한 명만의 이야기가 아니며 간호사만의 이야기도 아니라고 생각한다.

어디든 '처음'은 어색하고, 사람과 친해지는 데는 시간이 걸리기에 기다릴 줄 아는 자세가 필요하다고 생각한다. 그걸 미리 알았더라면 좋았겠다 싶다가도 아쉬운 과거에 집착하지 않기 위해 지난 일은 마음에 묻었다. 대신 그 위에 함께 일했던 동료와의 유대감이 자라났다. 뒤늦게나마 알게 된 '우리', '소속감'으로 인해 어딘가 비어 있는 듯했던 나의 병원 생활이 채워질 수 있어서 참 감사했다.

넌 좋겠다

병원 취업 후 6개월 정도 지났을 때였다. 친구들과 만나 대화를 나누던 중 한 친구가 이렇게 말했다.

"넌 좋겠다."

이 세상의 불운은 내가 다 가진 듯 하루하루 견뎌 내던 내게 신선한 말이었다. 친구에게 영문을 묻자, 좋은 부모님 덕분에 물질적으로나 정신적으로 행복하게 살았고, 졸업 후에는 바로 병원에 취업해서 사회 초년생치고는 높은 연봉과 안정성을 보장받는 간호사 일을 하고 있어 부럽다는 답변이었다. 생리적 욕구조차 보장받지 못하고 용기가 없어 퇴사도 못하던 시기에 듣게 된 말이라 난감했다. 나의 힘든 상황이 아직 취업하지 못한 친구들에게는 기쁜 투정처럼 느껴지진 않을까 생각해 이제껏 말을 아꼈던 탓에 상황을 몰랐던 친구는 나를 부럽게까지 느끼고 있었던 것이다.

그날 집에 와서 이런저런 생각을 많이 했다. 행복한 가정에서 자란

건 맞지만 대학생 시절 고기집, 패밀리 레스토랑, 정육점, 생산 부문 등 여러 아르바이트를 전전했던 나였다. 그리고 그 경험 속에서 이런 생각을 했다. 지금은 힘들지만 여기서 시스템을 익히고 버티다 보면 간호사 일도 좀 더 잘할 수 있을 것이고 분명 미래에 사업을 할 때도 도움이 될 수 있을 거라고. 풀타임 아르바이트를 하고 집에 와서 쏟아지는 잠을 이기며 간호학과, 교육학 공부를 하는 그 순간에도 내 삶에 감사해하며 미래의 나에게 투자하는 시간을 소중하게 여겼다. 그렇게 사회경험도 쌓으며 어떻게든 장학금도 받아 보려 아득바득 공부했던 시절부터 시작해, 병원에 입사해 힘든 상황을 하루하루 버텨 내고 있는 나였는데, 누군가는 취업한 것 자체만 가지고 부러워하고 있는 것을 보고 있자니 그저 웃음만 났다.

나도 처음에는 내가 힘든 걸 주변 사람들이 알아주고 이해해 줬으면 좋겠다는 마음이 들었다. 그러나 시간이 흐르면서 나의 그런 마음은 어떻게 보면 이기심일 수도 있다는 걸 깨닫게 되자, 점점 현실을 인정하게 되었다. 다 각자만의 고충이 있고 내가 느끼고 있는 고충을 다 알아주기를 바라는 건 오히려 내게 스트레스로 다가올 수도 있다는 것을.

한번은 이런 생각을 했다.

'지금 내가 하는 일은 힘들지만 내 주변 사람들 또한 각자의 자리에서 힘들게 일을 하고 있는 거야. 모두가 이해해 주길 바라지 말아야

지. 때로는 털어 놓고 때로는 이 상황들을 이해해 봐야지.'

하루는 내가 간호하던 환자가 사망했고, 또 선임 간호사에게도 엄청 혼이 났다. 그때는 내가 이 세상에서 제일 힘든 사람처럼 느껴지기도 했다. 하지만 이전에 내가 비련의 여주인공처럼 생각되었던 것과는 달리 이 상황을 받아들일 수 있게 되었다. 또 모든 걸 타인에게 말하며 이해해 주길 바라지도 않게 되었다. 그런 기대가 사라지니 마음이 한결 편안해짐을 느꼈다.

대형병원에 취업했다고 하면 주변에서 들려오는 축하 인사와 친구들의 부러움이 사직을 생각하는 내겐 몇십 개의 돌멩이가 얹어진 듯 무겁게 느껴졌다. 그러나 이것 또한 어느 순간, '사람들은 그렇게 생각할 수도 있겠다.'라고 받아들이기 시작하니 점차 부담이라는 돌멩이들을 어깨에 지고도 걸을 수 있었다.

12월 31일 11시 59분

간호사로 근무하다 보면 연휴를 병동에서 보내는 일이 많다. 처음에는 그게 걱정이 되었지만 미혼이었던 내게는 연휴 때 근무하는 것도 그리 나쁘지만은 않았다. 그중 가장 기억에 남는 건 한 해의 마지막 날이다.

그날도 별 감흥 없이 '올해의 마지막 날이구나.'하며 근무를 위해 밤 9시에 집을 나섰다. 송년회로 시끌벅적한 번화가 속 사람들을 보며, 같은 공간에 있지만 나와는 전혀 다른 사람들처럼 느껴졌다. 병원에 도착하니 역시 연말은 없었다. 여느 때와 다르지 않은 나이트 근무시간, 정신없이 물품 카운트를 하고 부족한 물품을 채우기 시작했다. 그리고 환자 파악을 위해 앉자 이브닝번 선생님들의 대화가 들렸다.

"퇴근하면 뭐 할 거야?"

"이 시간에 뭘 해, 집에 가지."

"곱창 먹을래? 그래도 한 해의 마지막인데 집에 있긴 그렇잖아!"

누군가의 퇴근, 누군가는 출근. 간호사의 근무시간은 희비의 교차 같았다. 그 이야기를 들으며 '한 해의 마지막이 특별한 건가?'라는 생각이 들었다.

그날의 나이트 근무는 다른 때에 비해 조금은 여유로웠다. 밤 10시가 되면 모든 병실의 TV가 꺼지는데 환자들도 내심 제야의 종소리가 듣고 싶은 듯했다. 움직일 수 없으니 휴게실도 갈 수 없었던 환자들은 11시 50분부터 각자 휴대폰으로 TV를 틀어 달라는 통에 정신이 없었다. 그리고 11시 59분. 스테이션으로 돌아가는 와중에 동료 선생님이 나를 부르는 소리가 들렸다.

"진선아! 이제 곧 종친다!"

"10, 9, 8, 7…."

몇 년을 근무했어도 한 해의 마지막 날은 뭔가 느낌이 이상했다. 이 종소리의 끝에는 한 살이 더 든 내가 있고 환자들과 또 한 해를 잘 넘겼다는 생각들이 겹쳤다.

"3, 2, 1! 땡!"

"아, 나 한 살 더 먹었어! 일하자 일해!"

주임 선생님의 말에 우리 모두 크게 웃었다. 두 해를 함께 보내며 힘차게 새해를 시작했다. 이제 환자들의 휴대폰을 끄기 위해 다시 한 병실로 향했다. 5인실 여자 병실이었는데 한 환자가 휴대폰 화면을 보고 있었다.

“나이 먹는 게 슬프면서도 저 종소리는 듣고 싶더라고.”

환자가 웃으며 말했다.

“와, 새로운 해에요. 올해는 더 좋은 일이 있었으면 좋겠어요.”

그렇게 병실 환자들과 함께 보낸 새해는 더 특별했다.

사직 후에 새해를 맞이하며 제야의 종소리를 들으니 간호사 스테이션에서 들었던 그날의 제야의 종소리가 떠올랐다. 투덜거리면서도 신기하게도 그런 일들이 추억이 되었다. 병원에서 보냈던 추석에 동료가 가져온 전을 함께 먹으며 웃던 한때, 크리스마스 날 평소보다 일찍 출근해서 간호사실에서 케이크를 나눠 먹던 일, 환자와 보호자들이 수고한다며 한사코 두고 가신 음식을 먹을 때의 감사함…. 바쁜 와중에도 누렸던 잠깐의 따뜻함에 해맑게 웃는 즐거운 시간들이었다.

웃으며 낸 사직서

퇴사를 결정하던 시기에 난 병원에 잘 적응한 간호사였다. 신입 간호사도 독립시키고 병동 듀티를 온전히 해냈으며 친해지기 어렵게만 느껴졌던 선생님들과도 좋은 관계를 유지하고 있었고, 무엇보다 간호라는 일을 사랑하고 자부심도 컸던 나였다.

하지만 간호사를 돕는 일은 내겐 더 큰 의미가 있었다. 그래서 수많은 고민 끝에 병원에 대한 미련과 아쉬움을 접고, 그만 두기 3개월 전에 사직 의사를 밝힌 후 본격적인 사업 구상을 시작하게 되었다. 그때 다니고 있던 병원 간호부에서 나의 사직 결정을 되돌리게 하기 위한 면담을 진행했다. 한 간호사의 진로를 놓고 해 주신 따뜻한 말씀을 들으며 마음이 흔들린 것도 사실이다. 그만큼 나도 병원에 대한 애정이 컸기에 더 고민이 되었다. 그러나 이미 마음먹은 일이었기에 결국 나는 사직서를 작성했다.

사직하는 날, 온갖 생각과 감정들이 머리와 가슴에 가득했다. 정말 많이 힘들었던 시기도 있었고 웃으며 기뻐하던 일도 많았다. 이브닝 근무를 마치고 선생님들과 자주 마시던 맥주 한 잔, 두려운 응급상황을 무사히 끝냈을 때의 그 쾌감, 정들었던 환자 및 보호자, 환자와 나눴던 대화들… 그 모든 것이 그리울 것 같았다. 다음 날 눈뜨면 또 병원에 출근할 것 같은데 정말 마지막 출근이었다. 실감이 나지 않아 마지막까지 계속 살폈다. 마지막 주사기, 마지막 수액, 모든 것에 의미를 두게 되었다. 이 시기가 다시 돌아오지 않을지도 모른다는 생각에 느낌이 이상했다. 당장이라도 듀티표를 보면서 근무를 파악하고 있어야 할 것 같은데 캐비닛은 텅텅 비었고, 몇 년간의 간호사 생활을 말해 주듯 내 양손엔 짐이 한가득이었다. 그날따라 하늘은 더 화창한 것 같았다. 마지막 전체 라운딩을 돌면서 환자 한 명 한 명에게 마음속으로 인사했다.

'잘 지내셔야 해요. 꼭 쾌유하세요!'

동료 선생님들과의 이별도 잘 실감나지 않았다. 아쉬운 마음에 30명이 넘는 간호사, 간호조무사들을 위한 작은 선물을 마련하고 편지도 썼다. 함께 일하는 시간 동안 죄송한 점도 감사한 점도 많았고, 좋은 추억도 쌓을 수 있어 감사하다는 인사를 전하고 싶었다. 그리고 마지막으로, 간호복을 반납하고 인사를 하기 위해 간호부를 찾았다. 그때 간호부장님이 해 주셨던 말을 아직도 잊을 수 없다.

"선생님이 앞으로 나아가는 길에 본원 간호사였음이 더 자랑스러울 수 있도록 간호부도 노력할게요."

그리고 지금까지 고생 많았다며 마지막 배웅을 해 주셨다.

누군가 만일 인생에서 가장 찬란했던 시기를 나에게 묻는다면 난 병원 간호사로 근무하던 시간을 뽑을 것이다. 사업도 진취적이고 바쁘고 보람차지만 힘든 상황 속에서도 여러 의료진과 환자와 소통하며 케어하던 그 찬란한 시기가 먼 훗날 또 생각날 것 같다. 병원은 양날의 검이었다. 모든 세상이 꺼지듯 불행하다 느낄 때도 있었지만, 정말 가치 있고 멋진 일이라고 느껴 자부심 가득한 모습으로 지낼 수 있었다. 그로 인해 간호사에 대한 애정도 커지지 않았나 싶다.

최근에 누군가 물었다. 병원이 생각나지 않느냐고. 솔직히 생각이 어떻게 안 날 수 있을까. 병원을 나올 때 다시 병원으로 갈 일은 없다고 생각했는데 문득문득 그리운 것은 어쩔 수 없었다. 가끔은 실없이, '주 2회만 근무할 수는 없을까?'라는 생각이 들 때도 있었다. 가끔씩 환자들과 웃으면서 나누던 대화, 응급상황에 달려들었던 순간들, 누군가의 죽음에 슬퍼하고 동료들 때문에 울고 웃었던 시간들…. 감동적인 드라마처럼 나에겐 매순간이 특별했고, 이젠 추억이 되었다. 이렇게 내 인생에 가장 힘들면서도 찬란했던 그 시기를 어떻게 잊을 수가 있을까….

이 글을 쓰는 지금도 병원이 참 그립다. 돌아가라고 하면 머뭇거리겠지만 그래도 마음은 항상 병원을 향해 있는 것 같다. 미련이 남지 않을 거라 생각했는데, 그저 후련할 줄만 알았는데 참 신기한 마음이다. 그래도 내가 목표한 시간을 모두 채우고 적응한 간호사일 때 병원을 나올 수 있어서 참 다행이었다.

그렇게 나는 웃으면서 사직서를 내는 것으로 나의 길고도 짧은 병원 생활을 마무리했다. 그리고 병원에 대한 감사한 마음을 간직한 채 이제는 새로운 길을 걷자고 다짐했다. 내가 정말 사랑하는 '간호사'를 돕기 위한 노력을 본격적으로 시작해 보자며 말이다. 병원을 나온 간호사이지만 나의 마음은 여전히 간호사를 향하고 있었다.

그리운 동료

한때 간호조무사 법정단체 반대로 뜨거웠다. 아무래도 유튜브 채널을 운영하고 있다 보니 이 주제를 다뤄 달라는 메일도 많았다. 하지만 다루기 정말 조심스러운 부분도 있었다.

내 어머니는 간호조무사이셨다. 산부인과에서 일하셨는데 내게 가끔 그곳에서의 이야기를 해 주실 때마다 어머니의 말투와 표정에서 환자에 대한 따뜻함이 느껴져서 참 좋았다.

내가 일하던 병원에서 간호간병통합서비스가 운영되면서 나도 여섯 분 이상의 간호조무사와 함께 일하게 되었다. 처음에는 물론 어색했지만 대형병원이라 업무가 명확하게 분류되어 있었기 때문에 그럴 필요가 없었다. 다만 간호조무사들은 환자 30명당 한두 분이었기에 업무 분담이 명확하더라도 간호사와 서로 협업해서 일해야 할 때가 많았다. 하지만 그것도 말 그대로 '협업'이라 곤란했던 경우는 달리 없었다.

간호조무사들은 거의 내 어머니 나이대로 늘 따뜻하게 환자를 위하는 분들이었다. 침상안정만 하고 있는 환자들의 피부를 함께 살피기도 했고 환자들의 변화를 함께 감지하기도 했다. 환자의 상태 변화에 발맞춰 최선을 다했고 고된 업무 속에서도 늘 친절하려고 노력하시는 게 눈에 보였다. 살면서 한 번도 해 본 적 없는 기저귀 가는 일도 간호조무사들께 배우기도 했다. 이렇듯 이런저런 일을 협업하면서 점차 가까워져 갔고 함께 일하는 동료로 늘 든든했다.

그만두기로 마음먹었을 때 간호사 동료들과 헤어지는 것도 물론 슬펐지만, 간호조무사님들을 더 이상 볼 수 없을지도 모른다는 생각에 아쉬움이 컸다.

내가 밥을 못 먹고 일할 때면 과일을 입에 넣어 주시기도 하고, 내가 힘들어할 때는 먼저 알고 달래 주시던 엄마 같았던 분들. 진심으로 응원해 주셨던 그 동료들에게 나도 모르는 사이 의지하며 지내 왔다. 4년 차에 있었던 인증평가 때 '응급 사직'을 생각할 정도로 힘든 날이 있었는데, 내가 일하는 것을 지켜본 간호조무사님이 퇴근길에 정말 많이 힘들었을 것 같다는 이야기를 해 주시자 갑자기 눈물이 날 것 같았다. 그 당시에는 모두가 예민했기에 내 감정에 공감해 주는 게 그렇게 감사할 수 없었다. 그날 많은 위로를 받아, 사직하고 싶은 마음을 접고 잘 마무리할 수 있었다.

사직 의사를 밝힌 후 어느 날 퇴근하기 위해 캐비닛을 열었을 때, 나도 모르게 눈이 휘둥그레졌다. 그 안에는 문화상품권 봉투가 있었는데 살펴보니 6명의 간호조무사님들이 마음을 모아 편지와 함께 서랍에 넣어 두셨던 것이다. 사실 퇴사일을 앞두고는 시원함과 섭섭함이 교차하여 마음이 일렁거리곤 했는데, 간호조무사님들의 마음이 담긴 봉투를 보고 있자니 갑자기 슬픈 감정이 올라와 한동안 그대로 서 있을 수밖에 없었다. 고락을 함께하는 사이 우린 서로 정이 많이 들었던 것이다. 늘 예뻐하고 존중해 주셨고, 병원이 무섭고 홀로 서 있는 것 같을 때도 늘 인자하고 따뜻하게 대해 주셨던 감사한 분들이었다. 그렇게 한참 동안 편지를 한 자 한 자 읽으며 조무사님들과의 추억을 되새겼다.

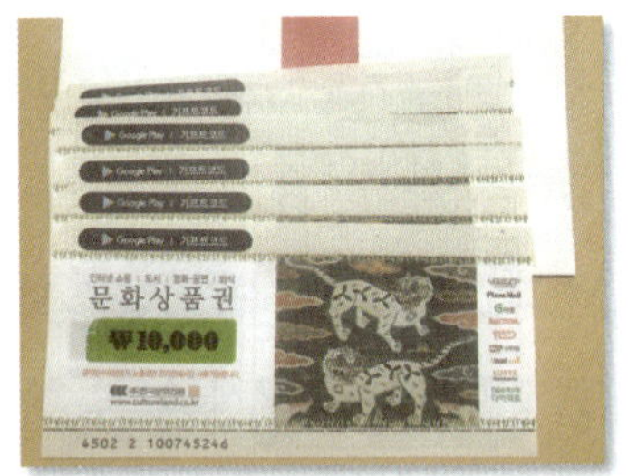

언제 다시 보게 될지 모르는 나의 동료분들이지만, 감사한 마음 가득한 그들과의 기억을 항상 가슴속에 간직할 것이다.

"그리운 나의 동료, 항상 보고 싶습니다."

3장

간호사 CEO의 걸음

나는 환자를 간호하는 일을 했다.
그러나 간호사도 간호가 필요했다.
그래서 꿈꾸게 된
'간호사를 위한, 간호사에 의한 기업'
그리고 이를 위해 마음에 강하게 새긴 두 단어
'행복'과 '진심'

나는 새로운 길을 찾아 두근거리는 항해를 시작했다.

누구에게나 꿈은 있다

초등학생 시절 누군가 꿈이 뭐냐고 물으면 '엄마'라고 대답하곤 했던 나는 고등학생 때 꿈을 기입하는 란에 이렇게 적었다.

간호사

지금 생각하면 여러 의문이 든다. 꿈이 무엇인지, 장래희망과 꿈의 차이는 무엇인지….

꿈을 이루는 것은 기쁘고 설레는 것처럼 느껴졌는데 막상 꿈이라 적어 냈던 간호사가 되자 허무함, 슬픔 등의 부정적인 감정이 강해지게 되었다. 꿈을 이루었지만 모든 걸 포기하고 싶은 마음에 허우적거리기도 했다. 그 시절에는 간호사는 꿈이 아니라 단지 내가 바라는 직업이라는 것을 알지 못했던 것이다. '간호'라는 나의 일을 사랑했지만 내가 앞으로 나아가기 위해선 새로운 꿈이 필요하다 느꼈다. 그래서 꿈에 대한 새로운 정의가 필요했다.

국내 한 포털 사이트에 '꿈'을 검색하면 이런 정의가 나온다.

1. 잠자는 동안에 깨어 있을 때와 마찬가지로 여러 가지 사물을 보고 듣는 정신 현상
2. 실현하고 싶은 희망이나 이상
3. 실현될 가능성이 아주 적거나 전혀 없는 헛된 기대나 생각

이 중 나는 '실현하고 싶은 희망이나 이상'에 집중해 봤다. 평소 '꿈'과 'dream'이라는 단어를 좋아했던 나였기에 그것은 희망을 향해서 나아갈 때의 설렘과 기대를 의미한다는 데 생각이 미쳤다. 이로써 간호사 CEO는 더이상 최종적인 꿈으로 두고 싶지 않았다. 'CEO'라는 이름은 누구나 붙일 수 있으나 그 중심을 어디에 두느냐에 따라 결과는 다를 테니 말이다. 그렇다면 좀 더 궁극적인 꿈을 꿔야 했고 나를 나아가게 할 원동력이 필요했다. 그리고 매일 꿈꾸고 매일 이루고도 다음 날도 또다시 이루어졌으면 하는 단순한 꿈이 생겼다.

'행복'

워낙 긍정적인 성격으로 행복하다는 생각을 많이 해 왔고 화목한 가정에서 자라면서 행복은 당연히 내 옆에 있으리라 생각하며 살아왔다. 그러나 어느 순간 삶에 치이다 보니 당연한 듯 생각했던 행복은 내가 노력하지 않으면 찾기 힘든 존재가 되었다. 바쁜 일상과 그로 인해 쌓이는 스트레스로 행복이라는 건 나와 먼 이야기처럼 느껴질 때도 있었다. 하지만 그럴 때면 '소확행'이란 말을 가슴에 품고 살았다.

이브닝 끝나고 선생님들과 함께 먹었던 치맥. 10시간의 공복 끝에 치킨을 한 입 베어 물면 달콤 짭짤한 맛에서 행복이 느껴지고, 맥주의 시원한 목 넘김은 나의 피로를 씻겨 내려가게 해 주는 듯했다. 그렇게 '지금'의 소소한 행복에 집중하려 노력했다. 환자와 보호자들과의 관계에서도 마찬가지였다.

"와, 오늘은 식사를 절반이나 드셨네요!"

환자의 식사량 변화와 면역수치의 미세한 호전에도 나는 웃을 수 있었고 이를 통해 환자와 보호자가 서로 바라보며 짓는 미소에 더욱 행복해졌다. 힘든 상황에서도 소확행을 누리려 노력하면서 마음가짐도 달라졌다.

사업을 하면서도 잠자는 시간도 부족하고 휴일도 없이 일하는 날 보며 주변에서는 힘들지 않냐는 질문을 던지곤 한다. 물론, 때때로 힘들다고 느끼지만 입 밖으로 "힘들다.", "피곤하다."라는 말을 잘 내비치진 않았다. 그런 것보다 행복을 느낄 일이 많았기 때문이다. 누군가에게는 별일 아닐 수 있지만, "점심시간이네요. 저희 밥 먹으로 나가요."란 말을 하는 것조차 나에겐 행복이었다. 간호사 때는 누리지 못했던 것이기 때문이다. 메뉴를 고민하고 밥을 천천히 먹는 것만으로도 감사함과 행복감을 느끼기에 충분했다.

이제껏 내가 궁극적으로 이루고자 했던 것은 분명 행복이었다. 그래서 매해 나의 다이어리에서 빠지지 않는 키워드 또한 '행복'이다. 앞으로도 나의 꿈을 '행복'으로 두고 행복하기 위한 여러 조건을 달기보단 소소한 것에 집중하고 작은 행복이 매일 이어지도록 계속 추구해 나가고 싶다. 그 속에서 '간호사를 돕는 기업으로 성장하기', '행복한 가정을 꾸리고 엄마 되기'와 같은 꿈도 함께 이루고 싶다.

누구에게나 꿈은 있다. 내 꿈을 이어가기 위한 새로운 여정은 시작되었고 내가 노력하는 만큼 더 행복해질 수 있다고 나는 믿는다. 그리고 지금도 나는 자신 있게 말할 수 있다. 나는 정말 행복하다고.

CEO의 첫 발걸음

창업을 하겠다고 마음먹은 건 20살 때부터였다. 그래서 무슨 사업을 할 것인가를 두고 수없이 고민하며 사전조사도 했다. 무엇보다 내가 잘 할 수 있는 분야여야 했고 나도 만족할 수 있는 것을 소비자에게 제공해야 한다는 생각에서부터 풀어 나가기 시작했다. 일단은 내 전공과 부전공을 통해 매력을 느껴 온 '간호학'과 '교육'이라는 것을 출발점으로 끊임없는 고민을 해 나갔다.

내 특기를 살릴 수 있는 일은 간호 관련 또는 교육 사업

하고 싶은 일은 신입 간호사를 돕는 일

신입 간호사를 어떻게 돕지?

난 신입 간호사 때 뭐가 제일 힘들었지?

신입 간호사가 가장 힘들어하는 게 뭐지?

내게는 학교에서 배운 것과 실제 병원 환경의 괴리감이 나를 가장 힘들게 한 요인이었기 때문에 그 부분을 채워 줄 수 있다면 좋겠다는 생각이 들었다. 그 어려움을 내가 잘 알기에 진심으로 돕고 싶었다. 당시 나의 유튜브 채널에 신입 간호사들을 위한 교육 콘텐츠를 업로드하고 있던 때였는데 이에 대한 관심도가 높은 것을 보고 가능성이 있을 거라는 생각이 들었다.

'아! 많은 사람들이 교육에 대한 열정이 있구나, 그럼에도 가려운 곳을 긁어 줄 무언가가 없었구나!'

고심 끝에 간호사를 위한 교육 사업으로 정하게 되었다. 내 경험에 비추어 보자면 책이 있어도 실무와 어떻게 연결지어야 할지 어렵기만 했다. 신입 간호사는 여러 논문과 서적을 보기엔 시간이 부족하고 빠르게 업무를 배워 실전에서 해내야 한다. 여기까지 생각이 미치자, '신입 간호사에게 실질적인 도움을 줄 수 있는 책을 만들자.'라는 생각이 확고해졌다. 나도 겪어 봤고 유튜브를 보며 니즈를 파악해 어느 정도 확신이 있었기에, 분명 누군가에겐 간절할 거라는 생각이 들었다.

그럼, 이제부터 준비가 필요했다.

우리나라에 성공한 CEO들은 다 평범한 사람이었다. 많은 사람들이 이렇게 말한다. 사업가는 만들어진다고. 실패율을 줄이기 위해 철저한 준비를 통해 성공한 사업가로 거듭나게 되는 것이다. 통계청에 따르면 국내 창업 기업의 1년 생존율은 62%, 3년은 39.1%, 5년은 27%로 급격히 하락한다고 밝혔다. 우리는 생존하는 기업이 되어야 했다. 결코 가볍게 생각할 수 있는 건 아니었다. 정규직 직장을 그만두고 진행하게 되면 그만큼 위험 부담도 크기 때문이다.

사업 초반, 자금에 대한 고민도 많았다. 사업할 배포는 큰데 대출을 받기엔 겁이 났다. 월급을 조금이라도 더 모아서 자금도 더 만들어야 했고, 간호교육 사업이기에 간호도 당분간은 놓으면 안 될 것 같아 결국 병원에서 근무하면서 사업을 준비하기로 마음먹었다. 조금이나마 리스크를 줄이면서 진행한 것이다. 근무가 끝나면 사업계획서를 쓰고 교육을 위한 교재를 제작하는 데 많은 시간을 보냈다. 퇴근하고 진이 빠져 집에 와서 눕고 싶을 때도 있었지만 그럴 때면 사업에 대한 열망이 더 간절해졌다. 그래서 그런 날은 몸이 피곤한 것도 잊고 더 열심히 사업 준비를 했다.

반 년간 나름의 준비를 한 후 사직 날짜를 잡았고 사직 날짜 기준 3달 전에 병원에 사직 의사를 전했다. 지금 와서 다시 떠올려도 참 다행이란 생각이 든다. 만일 바로 그만두고 사업 준비를 시작했다면 마음이 훨씬 더 조급해 완전치 못한 콘텐츠를 내보낼 수도 있었을 것이다. 간호사 관련 교육 사업을 하려면 간호사 경력도 중요하기에 단 몇 달이라도 더 근무한 것이 잘한 일이라는 생각이 들었다. 저자, 강사분들과 이야기 나눌 때도 더 좋았고 신입 간호사의 마음을 이해하는 데도 더 도움이 되었다고 생각하기 때문이다. 그때도 지금도 완벽하진 않지만 준비하는 데 있어 대충은 없었다. 마음은 단호하게 먹되 일은 조심스럽고도 치밀하게 해 나가고자 했다. 그렇게 간호사 CEO의 길에 들어섰다.

간혹 어떻게 창업할 생각을 했냐는 질문을 받곤 한다. 사실 이유야 여러 가지겠지만, 겁이 없었기에 가능했다는 말도 결코 틀린 말이 아니다. 사업 구상은 열심히 했지만 뭐든 할 수 있을 것 같은 겁 없는 열정이 나를 사업의 길로 뛰어들게 만든 것이다. 배운 게 간호라 당연히 간호사를 해야 하는 것처럼 느껴지다가도, '간호사도 했는데 무엇인들 못하겠어?'란 과감한 생각으로 새로운 꿈을 향해 한 발 내딛을 수 있었다.

첫 출발점은 사업계획서였다. 간호사인 내가 문서작업할 일은 그렇게 많지 않았다. 어색한 경영 단어들을 배워 가며 사업계획서를 밤새 써 보기도 하고 학창 시절이 마지막일 줄 알았던 프레젠테이션도 반복해서 연습했다. 첫 사업계획서 공개와 프레젠테이션은 부모님 앞이었다. 연습이 아니라 부모님께도 설명을 해야 했기 때문에 필요한 일이었다. 사직을 왜 해야 하고 사업의 목표가 무엇인지 설득하고 싶었고 이를 통해 내가 나아가는 길을 부모님이 믿어 줬으면 했다. 여기서 좀 다른 점이 있었다.

"만약 하지 말라고 하면 안 할 거야?"

"할 거예요."

부모님의 질문에 답은 정해져 있었다는 것이다. 어떻게 보면 설득이라기보단 통보에 가까운 사업 프레젠테이션이었던 것이다.

그 다음에는 퇴직금을 부어도 부족한 사업 자금을 충당하는 일이 문제였다. 기본적으로 생활할 수 있는 생활비에 대학원 학비를 확보해야 했기에 내가 투자할 수 있는 자본금은 1,000만 원 남짓이었다. 이 비용으로는 사무실 보증금을 내기에도 빠듯했다. 그때 주변 CEO분들로부터 청년들을 위한 정부지원 사업제도가 있다는 정보를 얻게 되어 밑져야 본전이라는 생각으로 한번 도전해 보기로 마음먹었다.

이를 위해 다시 사업계획서를 쓸 때는 질문을 이해하는 것부터 어려웠다. 처음 작성한 내용을 본 주변 분들은 코웃음을 치기도 했지만 그러면서도 많은 도움을 주셨다. 처음 도움을 주셨던 분은 한동수 선생님이었다. 사업 전문가는 아니지만 우리가 하고자 하는 분야의 맥을 알고 코칭해 주셨고 진심으로 잘됐으면 좋겠다는 말씀을 거듭해 주셔서 여러모로 많은 도움을 받았다. 이후 고쳐 쓰기도 수십 번이었다. 그러다 보니 점차 모양새가 갖춰지는 듯했다. 7장을 쓰는 데에 최소 한 달이 걸릴 정도니, 얼마나 많은 노력이 필요했겠는가.

정부지원 사업은 1차로 사업계획서가 통과되어야 프레젠테이션을 할 수 있는 기회가 생기기에 사업계획서를 내고는 마음을 졸일 수밖에 없었다. 1차 합격자 발표날, 저녁 5시에 드디어 결과를 확인할 수 있었다.

'합격'

그간 얼마나 마음고생을 했던지 합격 소식에 기뻐서 어쩔 줄 몰랐다. 하지만 우리에게는 프레젠테이션이 남아 있었다. 단 5분 만에 사업 전문가들에게 우리 사업의 목적과 수익 창출 방법에 대해 일목요연하게 발표해야 했다. 그리고 뒤에 있을 15분의 질의응답에 잘 대답하기 위해 예상 질문도 뽑아야 했다. 툭 치기만 해도 프레젠테이션 발표가 줄줄 나올 정도로 연습, 또 연습이 필요한 부분이었다.

강연을 여러 번 다녔지만 단 5분 이내에 내 사업에 대해서 설명하고 설득하는 것은 더 많은 노력을 요구했다. 처음이라 미숙한 점이 많아 여러 사람들로부터 도움을 받고 조언을 얻었다. 조언을 얻을 수 있는 곳이라면 어디든 갈 만큼 간절했고, 천만다행으로 조건 없이 많은 것을 알려 주고 도와주는 고마운 분들이 있었다. 발표 준비를 하는 내내 그리고 결과가 나오기 전까지 많이 불안했지만 정부지원 사업 선발에서 꼭 1등을 할 거라는 말을 수없이 반복하며 긍정적인 마음을 잃지 않기 위해 애를 썼다.

드디어 프레젠테이션 당일. 대기시간부터 이미 떨리고 긴장되어 손에는 땀이 줄줄 났다. 하지만 막상 들어가서는 반드시 잘해 내야 한다는 생각에 집중하고 최대한 당당하려 노력했다. 받은 여러 개의 질문 중 이런 질문도 있었다.

"간호사이시면, 창업하다가 잘 안되면 다시 간호사로 가면 되는 거 아닌가요?"

다른 창업자들에 비해 돌아갈 곳이 있어 간절함이 덜할 거란 생각을 해서 한 질문이란 느낌이 들었다.

"전 이미 창업으로 다리를 건넜고, 그 다리는 불질러 버렸습니다. 돌아갈 곳 없습니다."

오랜 준비 시간이 무색하게 20분은 너무나도 빨리 지나갔다.

그리고 긴 기다림.

프레젠테이션에서 밝힌 것처럼 난 이미 병원으로 돌아갈 마음은 버렸다. 간호사를 위한 작은 시스템이라도 만들고자 시작한 걸음이기에 후퇴할 수 없었다. 그렇지만 사업에 있어 자금은 중요한 요소이기에 만일 여기서 떨어지면 사업의 방향성도 불안정해질 수 있는 상황이라 발표가 나기까지 기다려야 하는 그 2주 가량이 매일매일 불안하고 떨렸다. 1등을 하겠다는 그간의 자신감은 다 어디로 가 버리고 우울한 기분마저 들었다.

극도의 긴장 속에 정부지원 사업 최종 합격자 발표가 나던 날.

"와!!! 으헝 어…."

환호성을 내지르자마자 왈칵 눈물이 솟아올랐다. 합격이었다! 공동 대표와 나는 감격하여 말을 잇지 못했지만 누구보다도 서로의 노고를 알기에 마음으로 감사하고 기뻐하고 또 기뻐했다.

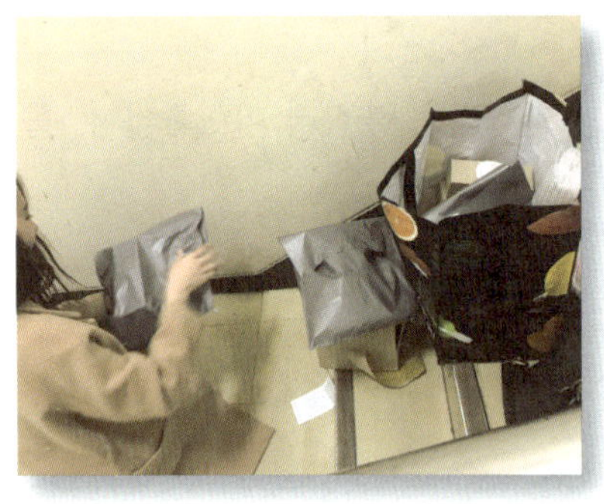

순식간에 지난 기억들이 스치기도 했다. 나와 공동 대표 집의 중간지점이 강남이었기에 강남에 사무실을 오픈하는 것이 사업적으로 좋겠단 생각은 들었지만 우리에게는 임대료를 부담할 능력은 없었다. 그래서 카페를 전전하며 회의를 했고, 택배를 붙여야 하는 날에는 강남의 빈 건물 계단에서 택배를 하나하나 포장하던 일들이 떠올랐다. 하지만 그때도 우린 정부지원금에 희망을 걸고 열심히 움직였고, 설령 그게 되지 않더라도 차근차근 해 나갈 수 있을 거라는 용감한 믿음이 있었기에 힘든 줄도 모르고 견딜 수 있었다.

그런 노력과 믿음, 열정을 알아 준 것이었을까. 정부지원 사업 금액이 나왔다.

1등

어안이 벙벙했다. 입버릇처럼 우린 1등을 할 수 있을 거라고 외쳐 왔지만, 그 수많은 경쟁률을 뚫고 합격된 것도 감사한데 1등이라니. 계속 생각하고 말하면 그것은 현실로 이루어진다는 강한 믿음이 우리를 여기까지 이르게 한 것이라 생각하며, 지금까지도 믿기지 않는 감사한 일이 되었다. 그만큼 책임감 있게 사업을 이끌고 팀원들과 함께 잘해 나가야 한다고 다짐 또 다짐을 하게 되었다.

이 일련의 과정들은 수많은 사람들의 도움이 없었다면 절대 불가능한 일들이었다. 후배 창업가를 도와주는 성공한 CEO분들의 도움과 날카로운 조언들로 인해, 나와 공동 대표는 긍정확언을 되새기며 부족함을 딛기 위해 더욱 노력할 수 있었다.

"합격을 주셔서 감사합니다. 1등을 주셔서 감사합니다."

많은 책에서 말했던 '노력이 뒷받침된 긍정확언의 힘'을 믿고 싶었다. 지금도 나와 공동 대표는 긍정일기를 쓰는 시간을 가지며 할 수 있다는 마인드 세팅을 한다. 이제 걸음마를 뗐고 열정이 앞선 첫발을 내딛는 스타트업이지만 무모하리만큼 추진력 있게 앞으로 나가고 있다. 처음의 열정은 사그라들지 않았고 우리는 지금도 간절한 마음으로 앞을 향해 나아가고 있다.

부족한 게 많지만 언젠가는 우리에게 도움을 주신 분들처럼 후배 사업가들을 도울 수 있는 날이 오길 바란다. 때론 잠시 멈추고 후퇴할 때도 있겠지만, 우리의 장점인 끈기와 열정으로 어려움을 이겨 낼 수 있기를 오늘도 굳게 다짐해 본다.

열정과 시간 사이

늘 나를 따라다니는 말은 '열정'이었다.

나의 열정은 다양한 면을 가지고 있었다. 항상 한 가지만 하는 건 적성에 안 맞아 대학 시절에도 전공인 간호학 외에도 부전공으로 교육학을 공부하게 되었고, 동아리와 학생회 활동도 늘 열심이었다. 잡생각이 날 때면 집중할 수 있는 무언가가 반드시 필요했다. 태생적으로 휴식으로 얻는 에너지보다 무언가를 해서 얻는 에너지가 더 큰 것 같았다. 가장 아까운 건 잠자는 시간이었다. 그렇다고 해서 피곤함을 덜 느끼거나 잠이 없는 편이 아닌데도 끊임없이 일정과 계획을 세우고 시간, 분 단위로 정해진 양에 따라 활동했기 때문에 내게 잠은 이겨야만 하는 존재였다. 신기하게도 잠은 이기려고 하면 이길 수도 있었다.

대학생 때 별명은 '빨간 눈 선배'였다. 내 눈은 늘 빨간색이었다. 잠을 적게 자더라도 내 몸은 괜찮다고 생각했는데 어쩔 수 없이 눈은 늘 충혈되었기 때문이다. 보편적으로 공부를 열심히 하는 간호학과 학생들 사이에서, 성적에 대한 욕심이 있었고 부전공까지 하고자 마음먹은

데다 스스로 머리가 좋지 않다는 걸 인정하고 있었기에 나에게는 부단한 노력만이 답인 걸 알게 된 이상 잠을 줄일 수밖에 없었던 것이다.

'한다면 한다.'라는 생각으로 한 학기 동안 하루 4시간 이상 자 본 적이 없었던 때도 있었다. 새벽 1시부터는 졸릴까 봐 서서 공부하기도 했고, 고카페인 음료를 마시다가 심장이 너무 빨리 뛰어 룸메이트를 깨운 적도 있었다. 스스로 몸을 살피지 않아 별의별 일들이 있었지만 그런 습관은 내가 남들보다 똑똑하지 않다는 생각에서 비롯된 것이었다. 고등학생 때부터 이미 독종이라고 불렸고, 전교권의 성적을 놓치고 싶지 않아 졸릴 때 친구들 몰래 커피를 씹어 먹으며 공부하곤 했다. 그렇게 내 의지와 노력으로 늘 목표한 바를 이룰 수 있다고 생각했다. 남들이 흔히 말하는 명문대로 진학하진 못했지만 대학생 때까지도 이어진 노력은 상위권으로 학교를 졸업하는 것으로 스스로를 증명해 냈다.

나의 열정은 늘 시간을 원망했다. 하루 24시간은 내게 너무 짧았다. 한때 병원에서 근무하며 모든 의지가 다 꺾여 침대에만 누워 있던 때도 있었지만 역시 본성은 어딜 가지 않는지, 적응하고 나자 시간 쪼개기가 다시 가능해졌다. 하루 24시간 중에 병원 근무 10시간, 씻고 밥 먹는 시간 2시간, 잠자는 시간 7시간, 유튜브 영상 편집 3시간, 『프셉마음』 집필 2시간. 몰입만 잘 한다면 이 일들은 충분히 가능했다. 그중 『프셉마음』 집필과 유튜브에 쏟는 많은 시간들은 스스로를 쓸모 있는 사람처럼 느끼게 해 주었다. 그래서 힘들기보단 보람이 컸다.

병원 근무를 하며 강연 활동도 활발하게 해 나갔다. 첫 강연은 준비 작업부터 떨렸다. 서울대학교병원에서 진행될 첫 강연을 앞두고 우연히 4일간의 휴가를 받게 되었는데, 강연할 걱정에 쉬지도 못하고 내리 강연 준비만 했다. 그리고 고심 끝에 완성한 대본을 들고 한 줄도 빼먹지 않으려고 연습에 연습을 계속했다. 그렇게 수없이 연습하고도 강단에 오르기까지 떨리는 마음을 주체하지 못했는데, 막상 강연을 시작하자 막힘없이 이야기를 이어 가고 있는 나를 발견할 수 있었다. 그렇게 첫 강연은 나에게 좋은 추억이 되었다. 그 이후에도 강연 제의는 계속되었다.

전남대학교병원에서 강연을 준비할 때였다. 나는 함께하던 오성훈, 이준혁, 노은지 간호사와 간호학 강연팀을 만드는 게 어떨지 제안했다. 오성훈 간호사는 인스타그램에서 '리딩널스'로 많은 팔로우를 확보하며 간호사 일러스트 콘텐츠로 이름을 알리고 있었다. 워낙 입담이 좋았던 이준혁 간호사는 '이준혁의 스케치북'으로 토크쇼를 진행하고 있었으며 노은지 간호사는 간호사 베스트셀러인 『신규간호사 안내서』의 저자였기에 네 명이 모인다면 강연에서 들려 줄 이야기가 많을 거라 생각했다.

"저희 강연팀 만들어요. 이름은 널스케미 어때요? 저희의 케미를 보여 줍시다."

그때부터 우리는 사회자 이준혁 간호사의 웃음 빵빵 터지는 사회 속에 강연을 해 나갔다. 전국구 강연을 목표로 강연을 직접 기획하고 장소를 섭외하고 사람들을 모집하기 위해 광고와 링크를 만들고, 자원봉사자도 모집하여 행사에 차질이 없도록 준비했다. 드디어, '널스케미'라는 이름으로 하는 첫 강연의 수강 인원을 모집하기 위한 링크를 열자, 만 하루도 되지 않아 250석이 매진되었다. 생각지 못한 놀라운 결과에 어리둥절할 정도였고 우리의 강연을 듣기 위해 신청을 해 준 사람들에게 감사한 마음이 들었다. 그렇게 대구에서 연 널스케미의 첫 강연은 성공적으로 마무리되었고 이후 우리의 강연은 더욱 활발해졌다. 우리 모두 삼교대를 하는 간호사였기에 3일간 나이트 근무를 하고 아침에 퇴근하여 바로 KTX에 몸을 싣고 강연장으로 향하는 등 네 명의 시간을 맞추기가 어려워 강행군을 피할 수 없었지만, 어느 누구도 불평하지 않고 서로 도우며 행복하게 강연을 진행해 나갔다.

부산에서의 강연을 마치고는 팀원들과 모두 모여 부산 바다를 거닐고 회를 먹으며 추억도 쌓았다. 간호사로 근무하면서 '나'는 없는 느낌을 종종 받았던 것과 비교하면, 그곳에서의 나는 다른 사람이 된 것 같았다. 부산 광안리 해변을 거닐다 느낀 온몸을 스치는 바람은 날 위로

해 주는 것 같았고, 짭조름한 바다 냄새는 나를 행복하게 만들어 주었다. 그곳에서의 난, 진짜 나로 있는 느낌이었다.

이후에도 제주도, 서울, 충남, 전남 등 각지에 있는 여러 대학교에서 강연을 이어 나가다 간호사작가동호회와 협업하여 국회의사당에서 열리는 강연에 참여하게 되었다. 이곳에서 열리는 강연에는 부모님을 초청했다. 장소가 장소이다 보니 입장부터 느낌이 다르기도 했고, 부모님 앞에서의 강연이기에 더 잘해야 한다는 부담감도 있었다. 그러나 내 얼굴이 담긴 배너 앞에서 부모님과 함께 사진 촬영도 하고 강연도 무사히 마친 후 협업했던 많은 분들과 함께 식사 자리를 가지며 뜻깊은 시간을 보낼 수 있었다.

가끔은 너무 많은 에너지를 쏟아야 하는 것으로 인해 지치는 날도 있었지만, 강연은 긴장되는 만큼 즐거움도 매우 컸다. 그리고 강연을 듣기 위해 전국 각지에서 온 분들을 마주하고 있자면 그분들의 소중한 시간에 누가 되면 안 된다고 생각해 더욱 진심을 다해 진솔하게 나의 이야기를 전하고자 노력하게 되었다.

사업을 시작한 후에는 사업이 내 열정의 대상이었다. 사업에서 힘든 면보다 새롭게 무언가를 한다는 것에 흥미를 느꼈기에 일을 하면서 시간 가는 줄 몰랐다. 주말에도 집에 있는 것보다 사무실에 있는 게 괜히 마음이 편하고 뭐라도 조금 더 할 수 있어 좋기도 했다. 퇴근도 늦게 했고, 주말에도 출근했다.

이런 날이 계속되자 가족들은 나를 걱정했다. 너무 열정이 많아서 나뿐만 아니라 주변 사람들이 힘들어할 수도 있겠다는 이야기였다. 그랬다. 열정이 많다고 꼭 좋은 것만은 아니었다. 직원이 아니라 대표였기에 양면성도 있었다. 남들에게 이 정도는 해야 한다는 기대치를 나도 모르는 사이 드러내 부담을 주거나, 무조건 칼같이 퇴근하는 우리 회사의 룰을 깨는 것일 수도 있었다. 연차를 사용한 날에 너무 바쁘다는 이유로 출근해서 일하는 것도 다른 사람에겐 부담이 될 수 있겠다는 생각도 하게 되었다.

나의 열정으로 인해 남에게 부담이나 피해를 주고 싶진 않았기에 많은 고민을 했다. 그래서 집에서 일하는 것에 익숙해지려고 노력하여 이전보다는 일찍 퇴근해서 집에서 일하기도 했고, 너무 회사일에만 매달리지 않도록 나를 변화시키려 노력했다. 집에 도착하면 회사일과 책 쓰기를 비롯하여 모임에 나가기도 하며 내 개인 시간을 확보하려 했다. 글을 쓰는 이 시점도 회사가 『프셉마음』 시리즈와 온라인 강의로 정신없이 바빠 회사에 대한 걱정을 내려놓을 수 없는 시기이지만, 나만을 위한 시간을 갖는다는 의미로 책 쓰기를 또 하나의 취미로 삼았다. 새벽

시간에 쓰는 글은 내 감성을 자극하기에 충분하고 잡생각 없이 진솔한 이야기를 풀어 나가며 잠 대신 나의 휴식 시간으로 이용하고 있다.

그래도 할일이 많고 시간을 다투는 스타트업에 집중하다 보니, 항상 생각과 고민이 끊이지 않는 것이 사실이다.

'내가 잘할 수 있는 일을 하는 걸까? 내가 열심히 하면 어떤 결과가 생길까?'

이런 생각을 하다 보면 결국 또 사업이 머릿속을 떠나지 않았다. 그래도 내가 할 수 있는 한 가지는, '유한한 내 시간'에 '내 열정'을 담아내는 것이라 생각했다. 나에게 주어진 시간 동안 내 삶을 직접 그려 나갈 필요가 있고, 거기에 달려들어 최선을 다한다면 결과가 어떻든 달게 받아들일 수 있을 것 같았다. 그래야 후회도 없을 것 같았다. 하지만 열심히 노력하는 것과는 별개로 새로운 고민도 생겼다.

'어떤 일을 할 것인가.'

혼자 하는 일이 아니다 보니 이제는 내가 잘할 수 있고 CEO가 해야 하는 일을 선택할 필요가 있었다. 그리고 그곳에 집중해서 쏟아 내야 했다. 내가 좋아하는 책인 『나는 4시간만 일한다』에서도 이렇게 말한다. 무엇을 일할지가 어떻게 일할지보다 중요하다고. 하지만 내 손을 거치지 않으면 불안한 느낌이 드는 것은 떨쳐 내기 힘든 일이었다. 사실 간호사로 일하면서 누군가에게 업무 위임을 해 본 경험이 없다 보니 대표가 되었을 때 이 점은 생각지도 못한 난관이었다. 아직도 일을 직원과 분담하는 것조차 어렵기 때문이다. 하지만 내 열정을 정말 필요한 곳에 쓰며 시간을 잘 활용하는 것이 중요한 만큼 생각을 바꾸기로 했다. 일과 시간의 효율성을 위해 남에게 위임하는 것도 회사 운영에 있어서 꼭 필요한 부분이기에. 열정과 유한한 시간 사이에서 오는 이 갈등은 새로운 상황을 겪어 가며 앞으로 계속해서 보완해 나가야 할 점이라 생각하고, 언젠가는 나도 좋아지리라 믿고 있다.

유한한 시간 덕에 좋은 점도 있었다. 그것은 불행한 일에는 시간을 오래 쏟지 않게 된다는 것이었다. 사업을 하다 보면 최악을 생각해야 할 경우가 있고 수많은 변수에 대비해야 하지만, 최악을 생각하는 건 그에 따른 생각을 정리하고 현실적인 방안을 찾기 위한 방편으로만 사용한다. 딱 거기까지다. 불행이 외부에서 오는 경우도 있지만 내가 스스로 만들기도 하기 때문에, 현실적인 방안 이외에 다른 걱정에 집중하다 보면 시간을 갉아먹는 요인만 될거라 생각한다. 불행에 나를 많이 넣지 않기 위해 앞으로도 이러한 생각의 비중에 신경쓸 생각이다.

나의 열정에 한 가지 빼놓을 수 없는 것은 바로 '배움'이다. 나는 나를 잘 알기에 배움을 멈춰서는 안 됐다. 특히 교육 사업을 진행하면서 배움에 대한 열망은 더 커질 뿐이었다. 사업도 사업이지만 자기 개발을 멈추고 싶진 않았다. 대학원 원서를 넣는 날이었다.

"사업하면서 대학원 다닐 수 있겠어?"

대학원을 붙을 수 있을지도 모르던 때부터 주변에서는 우려의 목소리가 먼저였다. 하지만 나에게 바쁘다는 것은 문제가 되지 않았다. 오히려 사업에 너무 많은 시간을 쏟는 게 문제였으니 말이다. 시간은 쪼개면 쪼개는 대로 만들 수 있다고 생각했다.

"할 수 있어요. 석사 끝나면 바로 박사 할 거예요."

운이 좋게도 나는 가고자 했던 대학원에서 합격을 받아 낼 수 있었다. 신입 간호사 교육 사업을 하며 늘 같은 고민을 해 왔기에 연구해 보고 싶은 분야도 확고했다. 요즘은 대학원 공부도 흥미롭게 하고 있다.

나는 남들에게 부담감이나 피해를 주지 않는 선이라면 '내 열정은 어쩔 수 없다.'라는 결론을 내렸다. 밤을 새서 일하는 데 자신 있고 귀한 인연이 있다면 언제나 달려갈 자신이 있는 것은 어쩔 수 없는 내 천성이기 때문이다. 누군가 그랬다. 창업은 열심히 해서 되는 게 아니라고, 죽을 듯이 달려들어야 하는 거라고. 그래서 나는 열정을 어디에서 보일 것인가에 초점을 바꿀 뿐 내 성격 자체를 인정하기로 했다. 어차피 이 성격을 온전히 바꿀 수 없다면 잘 이용해서 긍정적인 방향으로 나아갈 수 있도록 부단한 노력을 기울일 것이다.

왜 그래야만 하나요?

난 호기심도 많고 궁금한 게 많았다. 어렸을 때부터 항상 그랬다. 대학교 3학년 쯤 한 동기가 나를 따라해 보겠다고 했다.

"나 궁금증! 궁금한 게 있는데!"

순간 당황했다. 주변 친구들이 웃으면서, "진선아, 넌 정말 궁금한 게 많아."라고 입을 모아 말했다. 그리고 내가 친구들에게 수많은 질문을 던지고 있었다는 것을 한 번 더 깨닫게 되었다.

가족에게도 그랬다. 내 남동생은 말수가 적은 편이었다. 내가 도서관 가는 걸 좋아하다 보니 동생도 자주 데리고 다녔는데 그때마다 동생은 과학 관련 책을 쌓아 놓고 보곤 했다. 그래서 과학 쪽은 잘 알지 못했던 나에게 동생은 늘 해결사였다.

"진호야! 나 궁금한 게 있는데, 태양보다 몇 배나 밝은 행성이 있대! 근데 왜 우주가 어두워?"

동생은 답을 하는 데 1초도 걸리지 않았다.

"하루살이한테 가로등 불빛은 강하겠지만 밤이라는 공간은 훨씬 더 큰 거야. 빛이 도달할 수 있는 것보다 공간이 훨씬 커서 그래."

"아! 그럼, 진호야…."

끊임없이 질문을 해도 가족들은 내게 항상 답을 줬다. 그랬던 습관 때문일까 나도 모르게 친구들에게 수많은 질문을 던졌다는 것을 느끼고 괜히 부끄럽기도 했다. 한국 사회에서는 질문하는 것에 큰 용기가 필요하다. 그래서 나도 자연스럽게 다수의 앞에서는 질문이 줄어들 수밖에 없었지만 그러면서도 늘 왜 그래야만 하는가에 대해서는 계속 고민이 많았다. 초등학교 3학년 때 담임 선생님이 과일을 그리라고 해서 나는 수박은 세모로 그렸고 사과도 예쁘게 썰어 놓았으며 귤도 먹기 편하게 껍질을 까 놓은 모양으로 열심히 그렸다. 이후 내 그림을 본 선생님이 의아하다는 듯 나를 바라봤던 표정은 아직도 잊혀지지 않는다.

난 어릴 때부터 호기심이 강해 무엇보다 호기심을 풀어줄 수 있는 책에 관심이 많았다. 그래서 초등학생 시절에는 학교 성적이 좋지 못했다. 나머지 공부를 할 정도였으니 말이다. 그런데도 초등학교 3학년 때 담임 선생님은 공부도 못하는 나를 영재반으로 추천했다. 그곳은 신기한 곳이었다. 공부를 하지 않아도 됐다. 내가 하고 싶은 것을 조립하고 궁금한 게 생기면 다 질문할 수 있었다. 독특한 문제를 주고 맞혀 보라고 하기도 했다. 잘 기억은 나지 않지만 정말 해맑게 문제를 맞혀 보려 했던 것만은 기억에 남는다. 분명 난 다른 친구들보다 호기심이 많았고 늘 생각도 많았으며 사고의 틀에 갇히는 걸 싫어했다. 그럼에도 어린 시절 내성적인 성격 탓에 그런 나를 안으로 감추기에 바빴다. 하지만 영재교육을 받으며 내가 생각하는 것을 다 말하고 행해 볼 수도 있었다. 한 번도 내가 영재라고 생각해 본 적은 없었지만 학생마다 획일화된 공부법 외에 무언가 사고를 건드려 주는 일이 반드시 필요하다는 것에는 깊이 공감되었다. 그래서 대학교 때 교직 이수를 하면서 영재교육에 많은 관심을 갖고, 중간고사 대체 과제로 영재교육에 대해서 정리하기도 했다.

'왜 똑같은 그림을 그려야 하는가, 한 번쯤은 뒤집어 볼 수도 있어야 하지 않을까?'

우리는 같은 내용을 같은 교실에서 듣는다. 또 궁금한 것이 있어도 쉽게 해결하기 어렵고, 내가 궁금해서 파고들고 싶은 분야에 대해서는 관심을 가져주지 않는 일도 많다. 이런 날 특이하다며 이해하지 못하는 친구도 있었고 창의적이라고 말해 주는 친구도 있었다.

그러나 사업을 하면서는 내 특성이 유감없이 발휘되었다. 난 엄청난 악필이다. 어릴 적부터 노트 정리를 그렇게 많이 했는데 내 글씨체는 심각한 악필이라 늘 주변의 놀림거리였다. 내 성격을 대변해 주는 것 같기도 했다. 그러나 악필인 만큼 빠르게 쓰는 것은 자신 있다. 사무실에서도 나는 이면지만 보이면 책상에 모아 두고, 무언가 생각이 나면 일단 적어 보곤 한다. 그러다가 더 떠오르는 게 있으면 마인드맵처럼 점차 뻗어 나간다. 당장이 아니더라도 화장실을 다녀오거나 지하철을 타고 오가다 보면 문득, "아!" 하는 탄성이 나올 때도 있다. 머릿속에 무언가가 배배 꼬여 있었는데 풀린 듯한 느낌을 받는 것이다. 그리고 계속 생각한다. 그 생각에 끊임없이 파고들고 뻗어 나간다. 그리고 생각을 한번 엎어 본다. 그러다 보면 신기한 것을 발견하기도 한다.

'전체가 보였다.'

사업을 하면서 새로운 아이템 개발이 아니더라도 운영을 하거나 전체를 보고 비즈니스 모델을 그리는 데 있어 남들과 똑같이 생각해서는 안 됐다. 생각을 풀고 또 풀다 보면 내가 상상한 것들이 현실이 되는 기적도 볼 수 있었다. 그런 측면에서, '사업하길 참 잘했다.'라는 생각이 들었다. 한때는 부끄럽다고 생각했던 것들이 지금은 긍정적인 방향으로 갈 수 있단 생각에 현재의 진로가 맞단 생각도 들었다. 그렇다고 사회가 정한 규칙와 굴레를 아예 벗어나고자 하는 것은 아니다. 정해진 틀 안에서 우리는 얼마든, 또 언제든 생각의 전환을 줄 수 있다.

간호 학생 시절 짜여진 커리큘럼으로 같은 친구들과 4년을 공부했다. 병원은 아직 보수적인 면이 남아 있는 곳이기 때문에 근무하면서는 사고를 전환할 생각을 잘 하지 못했다. 그리고 나도 모르게 점점 내가 그곳에 스며든다는 생각이 들었었는데 사업을 하면서부터는 그 습관도 많이 바뀌었다.

사고의 전환은 새로운 길을 걸을 때 원동력이 되었고 나를 발전시킬 수 있었다. 우리 모두는 사고할 수 있는 힘이 있지만 그 힘을 어디에 어떻게 발산할지에 따라 나아가는 방향은 확연히 달라질 수 있다고 생각한다.

사업에 있어서 그리고 삶에 있어서도 내가 생각하는 것을 즐기지 못한다면 힘들었을 것이라는 생각을 종종 해 본다. 그런 점에서 내가 항상 다르게 생각하고 바라보는 습관을 가져서 참 다행이다. 그 시발점을 나는, "왜 꼭 그래야만 하는데?"라는 질문을 내게 던져 보는 것에서 시작한다. 앞으로 내 삶을 바꿀 수 있는 한 수를 찾기 위해서는 끊임없는 계획과 결단이 필요하기에 가끔은 생각을 뒤집어 볼 생각이다.

생각을 했다면 행동으로 옮기는 용기

'억울하면 하늘에 대고 소리라도 질러라. 행동하는 지성이 되어라.'

어렸을 때부터 들어 왔던 이야기이다. 그래서 나는 뭐든지 생각을 하며 부당, 불합리에 대해서는 많은 고민을 했고 이후 행동으로 옮기는 일도 힘썼다.

20살 때부터 구상했던 '사업'에 대해서는 나와 함께 살던 룸메이트 언니와 담당 교수님께 이야기하곤 했다. 비록 구체적이진 않더라도 언젠가는 꼭 하겠다는 나의 말에 의외라는 눈빛을 보이기도 했지만, 난 꼭 해내고 싶었다. 주변에도 창업하고 싶어하는 사람들이 많았다. 얼마 전, 예전부터 창업하고 싶다고 말하던 지인을 만났는데 내가 창업했다는 말을 듣고는, "나도 창업하려고 했는데…."로 말문을 열었다. 그래서 나는 물었다.

"창업을 왜 안 하세요?"

그랬더니 창업을 할 수 없는 이유에 대해서 말해 주었다.

“지금 나이도 있고 결혼도 해야 하는데 창업했다가 망하면 어떡해?”

사실, 이런 이유라면 창업을 꼭 못할 이유도 없다. 나에게도 마찬가지 이유가 적용되지만 내가 가진 많은 조건 속에서 내겐 창업을 해야 하는 이유가 더 많았을 뿐이기 때문이다.

첫 번째, 신입 간호사를 돕는 일이 너무 하고 싶었다. 암 환자를 간호해 왔지만 내 시선은 간호사들에게도 향해 있었다. 간호사가 건강해야 간호의 질도 좋아진다는 것은 당연했고 그들을 돕는 일이 내겐 보람 있는 일이라고 생각했다.

두 번째, 아이를 키우고 싶었다. “아직 결혼도 안 한 사람이 무슨 말일까?” 싶을 것이다. 난 굉장히 미래지향적인 사람이라 아직 결혼을 할 수 있을지 아이를 낳을 수 있을지도 모르면서 계획을 세워 보기도 한다. 뭐, 상상은 할 수 있는 거 아니겠는가. 직장생활을 하면서 육아까지, 그것도 항암제를 다루며 키울 자신이 없었다. 주변에 아이 키우면서 직장 다니는 선생님들이 늘 존경스럽고 대단해 보였지만 그들도 직장인이다 보니 누군가 아이를 봐 준다는 전제가 있어야만 했다. 내 인생의 목표는 행복이고 가정이기에 아이는 내 손으로 키우고 싶다는 생각이었다. 그래서 준비가 필요하다고 생각했다.

세 번째, 돈을 벌어야 했다. 간호사 봉급이 높다고들 하지만 그저 나

혼자 앞가림할 수 있을 정도일 뿐이다. 난 더 많은 사람들을 돕고 싶었다. 그러기 위해서는 자본력도 따라 줘야 했다.

네 번째, 나라는 사람은 사업을 해야 하는 사람 같았다. 난 '할까 말까 고민될 땐 하라.'는 말에 끌린다. 후회로 남겨 둘 수 없는 내 성격을 가장 잘 아는 것도 나고, 하고 싶은 게 뭔지 분명히 아는데 하지 않을 이유가 없었다.

내겐 사업이 간절했고 망하면 말고라는 생각은 아직까지도 해 본 적이 없다. 사업을 하기로 결정했고, 시작했다면 그때부터는 생존전략을 펼치며 온갖 열정을 다해야 한다고 생각했다. 1인 창업이 아닌 팀원을 꾸렸기에 그 책임감의 깊이도 달랐다. 팀원이 생겼다는 건 내게 소중한 사람이 생긴 셈이다. 그래서 사업을 위한 비즈니스 모델 수립에 있어 철저한 계획과 기획이 뒷받침되어야 한다고 생각했다. 가끔은 겁이 나서 실천을 망설인 적도 있지만 이미 사업에 뛰어들었기에 어떻게든 해나가야만 한다는 걸 받아들였다.

영업부분은 늘 걱정이었다.

『프셉마음』 시리즈를 개발하면서 저자분들을 만나야 한다는 것은 나에게 쉬운 일이 아니었다. 절친들이 내게 했던 말을 빌리자면 나는 '말이 많지만 조용한' 성격이었다. 생각보다 낯을 가리고 단체에서 튀는 건 별로 안 좋아했기에 조용하다는 이야기를 많이 들었던 터라 사업을 시작하며 고민이 되었던 건 사실이었다. 하지만 책임감의 깊이가 날 변화시켰다. 우리의 팀원들이 있고 이 사업을 성공시켜야 한다는 생각이 들면 뭐든 다 할 수 있었다. 이렇듯 나의 간절함은 어느새 나를 적극적인 사람으로 변화시켜 놓았다.

도움을 받기 위해 적극성을 갖는 것도 마찬가지다. 사업을 하다가 막히는 부분이 있을 때 혼자 해결하려 한다면 더 오랜 시간이 걸리고 좋지 못한 방향으로 갈 수도 있다. 그럴 땐 멘토가 필요하다. 나의 경우는 정부지원 사업으로 시작한 것이다 보니 정부에서 멘토를 연결시켜 주어서 도움을 받게 되었지만 멘토뿐만 아니라 조언을 구할 수 있는 곳이라면 어느 곳이든 갔다. 여기저기 적극적으로 연락하고 찾아가면, 신기하게도 더 많은 것을 알려 주려 하시는 좋은 분들이 많았다.

스타트업인 우리에겐 성공전략도 중요하지만 실패하지 않기 위한 전략도 중요했다. 아직도 내가 사업을 안다고 말하기에는 이르지만 적어도 직감상 생존은 해야겠다는 것은 느낄 수 있었다. 그래서 갖고 있는 자본으로 최대의 효과를 내기 위해 고민을 계속했다. 사업은 혼자 할 수 없기에 매사 위험성을 배제하기 위한 철저한 조사가 필요했다. 돌다리도 두들겨 보고 건너듯이.

책 출간을 위해 업체를 알아보며 가장 중요시한 건 견적서와 업체의 시설 비교였다. 그렇게 선택한 첫 번째 인쇄 업체는 인쇄 사고가 잦아 애를 먹었다. 꼼꼼하게 봤다고 생각했는데도 불구하고 업체 선정을 잘못했던 것이다. 제본 오류로 인해 환불 요청이 계속되자 결국 인쇄소를 바꾸게 되면서 품질관리와 불량품에 대한 대처법까지 체크했다. 한번 시행착오를 겪고 나니 결국 더 좋은 선택을 할 수 있는 계기가 되었고, 이렇게 배우며 단단해진다고 느꼈다.

좀 더 체계적으로, 꼼꼼하게 보는 습관을 기르고 자본 상황에 무리가 가지 않는 선에서 사업을 꾸려 가는 일은 쉽지 않은 일이다. 하지만 그래서 계획이 필요하다고 느낀다. 처음 시작할 때처럼, 하나씩 계획하고 그것을 실천해 나가는 나의 특기이자 장점을 살려 앞으로도 끊임없이 고민하고 행동하는 내가 되기를 바라 본다.

도전 유튜브

간호사 시절, 껌껌한 방 안에서 이불을 뒤집어쓰고 보던 유튜브가 내 취미라면 취미였다. 유튜브는 내게 다른 세상이었고 그 세상을 엿보는 동안 나는 그 안에 들어가 있는 느낌이었다. 먹방, 뷰티, 개그 등 여러 분야를 보는 동안만큼은 잠시나마 병원을 잊게 되면서, 유튜브 시청은 우울했던 내게 점차 즐거운 일상이 되어 갔다.

병원에 적응한 뒤에는 쉬는 날 시간 여유가 상대적으로 많아졌다. 그래서 어떤 취미를 가져 볼까 계속 고민하던 중 유튜브에 '간호사'를 검색해 보고는 간호사 관련 콘텐츠를 중점적으로 다루는 유튜버가 없다는 것을 알게 되었다. 문득, 간호학과 진학에 대해 궁금해하던 고등학생 시기, 병원 환경에 호기심이 컸던 간호 학생 시절, 힘든 시간을 보내며 '이 상황이 나아지긴 할까?'라고 고민했던 신입 간호사 시절까지 들려주고 싶은 이야기들이 떠올랐다. 그리고 유튜브로 간호사와 관련된 정보를 제공해 보면 어떨까 하는 생각까지 하게 되었다.

결국, 나는 유튜브 채널을 만들기로 마음먹었다. 그런데 나에게는 아무런 장비가 없었다. 그래서 그동안 쓰지 않아 차곡차곡 모인 돈으로 편집용 프로그램이 돌아갈 수 있는 노트북을 300여만 원을 주고 호기롭게 구매했다. 그 다음은 여러 유튜버들이 추천해 주는 카메라를 샀다. 이것으로 장비 준비는 끝이었다. 어차피 '한 50명쯤 볼까?' 하는 생각에 이거면 충분하다 생각했다.

누군가 어떻게 유튜브 할 용기를 냈냐는 질문에 나는 이렇게 대답했다.

"그냥 시작했어."

말 그대로 단순했다. 애초에 욕심이 없었기에 대단한 용기가 필요하지 않았던 것이다. 하지만 촬영을 시작하자마자 난관은 시작되었다.

"안녕하세요. 널스맘입니다."

인사말 한마디도 자연스럽게 내뱉기가 이렇게나 어려울 줄이야. 말꼬리를 올렸다 내렸다, 발랄하게도 해 보고 차분하게도 해 보느라 시간이 걸렸다. 어디 인사말뿐이었을까. 카메라가 앞에 있으니 혼자 있는데도 왠지 긴장이 되어 말이 계속 꼬였다. 그래도 이쯤이면 됐겠지 싶어 카메라를 끄고 화장도 지우고 편집하기 위해 컴퓨터 앞에 앉았다. 그런데 화면 속 나는 나 같지가 않았다. 당시에는 마이크를 사용해야 하는지도 몰라서 주변 잡음도 다 들어가고 구급차 소리까지 시원하게 녹음이 되었다. 표정과 목소리도 어색해 아쉬움이 남는 영상이었지만 어차피 몇 명 안 볼 거라는 생각에, 몇 안 되는 누군가에게 도움이 되었으면 좋겠다는 진심 하나로 첫 영상을 올렸다.

그런데 정말 신기하게도 영상을 한 개씩 올릴 때마다 구독자가 눈에 띄게 늘어 갔다. 하루에 100명 이상씩 구독자가 늘다 보니 만 명까지 도달하는 데 6개월이 채 걸리지 않았다. 내가 영상을 잘 찍고 잘 편집했다면 이렇게까지 신기하진 않았겠지만, 고퀄리티의 영상이 많은데도 집 배경이 다 나오도록 어색하게 찍은 내 영상의 조회수가 몇만 회가 나오니 그저 신기할 따름이었다.

구독자가 늘면서 책임감은 커져 갔다. 삼교대를 하고 있었기에 따로 영상 편집을 배우러 다닐 수가 없어서 여섯 번 들은 일일 강의 외에는 유튜브를 보면서 독학할 수밖에 없었다. 그렇게 배우고 익히는 즉시 실전에 활용하며 꾸준히 영상을 올리기 위해 노력했다.

그중 '혈액검사 해석 및 간호'는 한 편을 만드는 데 자료조사와 대본정리, 촬영, 편집까지 16시간 이상이 투자되었다. 혈액종양내과에서 근무하다 보니 매일 혈액검사 해석을 해야 했는데, 내가 신입 간호사 시절에 가장 막막하게 생각하던 일이었기에 다른 신입 간호사들을 위해 꼭 이 내용을 올려야겠다는 간절한 마음으로 하나씩 준비하게 되었다. 총 8편을 만드는 데 학회지, 논문, 책을 찾아 내 방식대로 정리하고자

공을 들였지만, 영상은 역시나 긴장하고 어색한 나의 모습 그 자체였다. 그래도 영상은 조회수 몇만 회를 기록하며 많은 사랑을 받았고 도움이 되었다는 댓글도 많이 받아, 오랜 시간과 노력을 쏟은 보람을 느낄 수 있었다. 그리고 진심은 통한다는 생각에 행복하고 감사했다.

지금도 가끔 유튜브를 어떻게 시작하면 되는지 질문을 받을 때면 나는 그냥 시작하면 된다고 말한다. 많은 구독자에 욕심부리지 않고 재밌거나 유익한 정보를 제공하는 데 집중한다면 구독자분들은 진심을 알아주지 않을까 하는 생각을 해 본다. 유튜브 구독자가 2만 오천 명이 넘어가자 주변 사람들은 악플에 시달리지 않냐는 질문도 종종 했다. 다행히도 대단히 인기 있는 채널도 아닐뿐더러, 내 채널을 구독해 주는 분들은 천사인지 악플도 없었다. 내 생각엔 아마도 그분들은 나의 부족함을 잘 알고 있지만 관용의 정신으로 봐 주시는 것 같다. 이렇게 큰 스트레스 없이 유튜브를 운영하는 건 행운이라고 생각한다.

유튜브를 시작하고 나서 나의 삶도 많이 바뀌었다. 사람들에게 나를 소개할 때 김진선이라는 본명과 닉네임으로 쓰는 널스맘 두 가지 타이틀이 생긴 것부터가 그렇다. 공동 대표와 협력사분들도 내가 유튜브를 했기에 만날 수 있었다. 영상을 위한 인터뷰를 진행하면서 만난 인연들도 소중했다. 나는 정형외과와 혈액종양내과에서만 근무했기 때문에 병원 외의 간호사는 친구들을 통해 알아도 구독자에게 깊이 있는 내용을 전달하기에는 한계가 있었다. 그래서 여러 과의 간호사들을 만나면서 인터뷰를 했고 그들을 통해 나도 다양한 분야의 간호사들을 알게 되었다. 그런 소중한 만남들이 나비효과가 되어 지금까지 인연을 이어 온 경우도 있다. 여전히 부족함이 많아 가끔은 민망하기도 하지만 아직도 채널을 유지하는 건 나를 조금이나마 알릴 수 있는 기회가 되었고 소중한 인연을 만들어 준 감사함 때문이다.

사람들이 궁금해하는 것 중에는 직장에서의 제재는 없었냐는 질문도 있다. 아무래도 서울 대형병원에서 근무했기에 궁금해할 수 있다고 생각한다. 그러나 병원 차원에서의 제재 같은 건 결코 없었다. 수 선생님도 팀장님도 부장님도 내 유튜브에 대해 긍정적으로 이야기해 주셨고 응원도 해 주셨으며 대부분 내 앞에선 다 응원해 주는 분위기였다. 하지만 나보다 연차가 높은 몇몇 분들끼리 내가 유튜브를 진행할 연차가 되는 건지 의심스럽다는 이야기가 뒤에서 오갔다는 건 전해 들었다. 그러나 나는 유튜브 활동이 가능한 특별한 연차는 없다고 생각한다. 유튜브는 연령과 경력에 제한을 두는 곳이 아니고, 내 영상의 내용도 병원 환경을 찍는 것이 아니기 때문에 연차에 대해 운운하는 것에는 귀를 닫기로 했다. 어쩌면 내가 20년 차가 되어도 25년 차 선생님이 보기엔 부족해 보일 테니 말이다. 나의 정신건강을 위해 그저 사람마다 여러 가지 생각과 의견이 있을 수 있다고 가볍게 받아들이기로 했다. 그렇게 꾸려 나가던 유튜브 채널 덕에 병원에서 신입 간호사를 위한 강의를 맡아 달라는 제안도 받아 많은 신입 간호사들 앞에서 병원 적응과 관련한 강의를 하기도 했다. 하지만 다른 병원의 유튜버들 중에는 병원에서 제재가 들어왔다는 소식을 전해 듣기도 했다. 콘텐츠에 따라 병원 이야기가 밖으로 새어 나가는 게 조심스러운 부분도 분명 있는 것 같다. 병원의 분위기를 살필 필요도 있고 본인이 하고자 하는 내용에 따라 어떻게 유튜브를 진행할지 다양한 각도로 고민할 필요도 있다고 생각한다.

학생 때부터 시작해도 괜찮을지에 대한 질문도 받는다. 내가 간호사 시절보다 간호 학생 때 훨씬 바빴던 것을 생각해 보면, 방학 때는 유튜브 진행에 무리가 없을 것 같지만 학기 중에 공부와 병행하는 건 업무와 병행하는 것보다 더 힘들 수도 있을 것 같다. 뭐든 무리하지 않는 선에서 즐길 수 있을 때 진행하는 것이 좋다고 본다.

수익에 대한 이야기도 빼놓을 수 없다. 난 구독자에 비해 영상 개수가 많지 않고, 조회수도 높지 않아 수익이 미미하다. 유튜브에는 '노란 딱지'라고 해서 무조건적 수익 창출을 막는 시스템이 있다. 유해한 영상이라고 생각되면 노란 딱지를 주는 구조다. 내가 올린 영상 중에도 '죽음, 출혈, 혈액'과 같은 단어가 많이 들어간 영상은 노란 딱지가 붙었다. 유튜브에서 말한 내용도 필터링이 되는 건지 중환자실 간호사를 인터뷰한 영상에까지 노란 딱지가 붙었다. 이의 제기를 해도 며칠 뒤에나 풀리는 구조라 수익을 창출하기 힘든 요소들이 많다. 수익은 미미하고 현재는 편집자님과 함께 운영하다 보니 오히려 몇십만 원씩 손해를 볼 때가 더 많다. 그러다 보니 수익이 난 이후로 단 한 번도 이익을 남긴 적은 없었다.

그러나 여기서 내가 말할 수 있는 건, 이제껏 유튜브 채널을 운영하면서 수익을 바라고 진행한 적은 없다는 것이다. 지금은 내 영상을 봐 주시는 구독자분들이 감사하고 열심히 편집해 주시는 편집자님이 감사할 뿐이다. 그래서 더 좋은 콘텐츠로 그 감사에 보답할 생각이다. 사실 간호사로 일할 때도 월급으로 생활이 가능했고 지금도 사업으로 수익이 있는 상태다. 유튜브 채널에서만큼은 절대 수익을 취하지 않을 생각이다. 나는 늘 이야기한다. 혹시라도 유튜브에서 수익이 생겨도 내 주머니로 들어올 일은 없을 거라고 말이다. 수익이 없을 때도 간호 학생 장학금 기부를 하곤 했다. 정말 잘 돼서 여유가 생긴다면 간호 학생에게 기부하고자 한다. 혼자 운영하는 것이기 때문에 들어오는 수익 자체가 시간에 대비해 크지 않을 확률이 높고 편집자를 쓰게 되면 비용이 나가 오히려 손해를 볼 확률이 높기 때문에, 혹시 수익을 위해 유튜브를 생각한다면 추천하긴 어려울 것 같다.

그동안 구독자분들과 소통하면서 마음이 따뜻해지는 경험도 많이 했다. 처음부터 널스맘 채널의 특성을 엄청난 재미보단 '차분함과 힐링'에 더 중점을 두다 보니, '고민 상담채널'을 열게 되었고 이후 수차례에 걸쳐 진행해 오게 되었다. 신입 간호사의 고민을 들어 보고 이에 대해 이야기를 나누는 형식이었는데, 댓글로 응원해 주는 구독자분들의 모습에서 따뜻함도 느끼고 실제 사연을 남긴 분에게 큰 위로가 되기도 하면서 많은 분들의 사랑을 받았다. 자존감이 바닥에 떨어진 신입 간호사분들에게 딱 맞는 해결책을 제시할 순 없지만, 그들을 다독이고 싶었고 이 말을 꼭 전하고 싶었다.

'나라도 나를 사랑해야 합니다.'

어쩌면 과거의 내게 가장 해 주고 싶었던 말을 유튜브 채널을 통해 과거의 나의 입장에 있는 신입 간호사에게 전하게 된 것이다. 고민 사연은 제3자의 이야기가 아닌 한때 나의 이야기, 고민을 준 분의 이야기 그리고 영상을 보는 이들의 이야기이기도 하다. 신입 간호사였을 때 간호사가 아닌 사람들은 내 이야기에 공감해 주지 못한다고 생각했고, 동기들은 서로 힘든 이야기만 나누다 보니 이 상황이 좋아질 것이라고 기대할 수도 없었다. 버티기 힘들 때마다 누군가가 넌 소중한 사람이라고, 이겨 낼 수 있을 거라고, 출근하는 그 자체가 대단한 거라고 이야기해 줬더라면 커다란 위로가 되었을 거라는 생각으로 고민 상담채널 코너를 지속하게 되었다.

영상을 통해 큰 힘이 되었다는 메일을 받을 때면 환자를 볼 때와는 다른 보람이 있었다. 또 시간이 한참 흐른 후 감사를 전하는 메일을 받을 때면 나도 모르게 표정이 변했다. 환하게 웃는 표정은 아니었다. 지금도 많이 힘들겠지만 적응해서 나아가는 모습이 그려지니 뿌듯하고 뭉클한 마음에 나도 모르게 옅은 미소가 퍼지게 되는 것이었다. 정말 잘하고 있다고 말하고 싶었다, 당신은 정말 잘하고 있다고.

만일 유튜브를 하지 않았다면 이런 아름다운 장면들을 보고 보람을 느끼는 일은 없었을 거란 생각을 떠올리며 다시 한 번 감사한 마음을 갖게 되곤 한다.

사업을 시작한 후로는 유튜브 관리가 쉽지 않았다. 그럼에도 가끔이나마 올리는 이유는 그런 구독자분들과의 소통이 감사하고, 추억이 쌓이는 만큼 내가 얻는 에너지도 크다는 것을 느끼고 있기 때문이다.

취미로 시작한 유튜브이지만, 내게는 더없이 좋은 경험이고 또 다른 세상이다. 앞으로도 나를 어떤 경험으로 이끌어 줄지 기대가 된다.

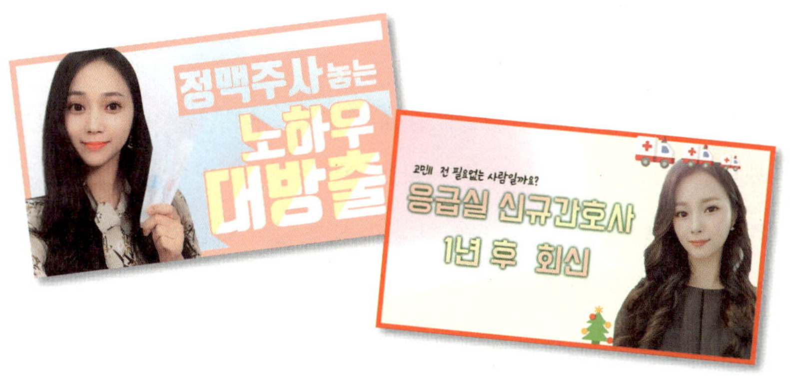

책임, 언제부터였을까

언제부터라고 해야 할까, 책임감이 크다 못해 내게 바싹 붙어 떼어 내지 못했던 것이.

나는 어린 시절부터 애어른 같이 행동했다. 집에서 애교 많은 둘째 딸이었지만 투정은 부리지 못했다. 오히려 20살이 넘고 나서 어린 시절 부리지 못한 투정을 다 부리는 듯하다. 초등학생 시절 친구들이 학원으로 갈 때, 집을 향하면서 생각했다.

'집에 가면 청소하고 빨래 개 놔야 하고…. 오늘 저녁은 뭐 하지?'

흔한 초등학생들과는 다르게 반 주부였다. 부모님은 맞벌이이셨고 아버지는 저녁 7시쯤 어머니는 9시쯤 오시는 일이 많았다. 언니와 동생은 학원을 다녔고, 난 학원을 다니고 싶지 않아 다니지 않다 보니 자연스럽게 그렇게 된 것이기도 했지만, 엄마가 학원을 보내려 해도 어린 마음에 그럴 돈이 있으면 동생한테 더 좋은 걸 해 주면 좋겠다는 생각뿐이었다. 어린 시절부터 한 살 차이 나는 남동생이 늘 어리다는 생각이 들었고 우리집에서 중요한 사람이라는 생각이 들기도 해서 내가 챙겨야 한다는 강한 책임감이 있었다. 어머니가 바쁘면 동생의 알림장이나 가정통신문은 항상 내가 꼼꼼히 읽곤 했다. 어머니께 돈을 받아 저녁 반찬거리를 사고 김치찌개, 된장찌개, 부침개 등 초등학생 5학년의 나이에 밥을 차리고 집안일을 하곤 했다. 동생은 워낙 말랐었고 밥을 챙겨 주지 않으면 잘 먹지 않아서 동생이 탕수육을 먹고 싶다고 한 날이면 레시피를 보고 탕수육을 만들어 주기도 했고, 겉절이를 담그기도 했다. 동생에게 해 줄 수 있는 건 다 해 주고 싶었고 내가 책임져야 한다는 생각만 가득이었다.

학교에서 간식을 받아도 내 입으로 넣은 적이 없었다. 어린 마음에 나도 먹고 싶기도 했지만 동생이 먹는 게 훨씬 행복했다. 나는 어떻게 되든 좋았다. 학원을 안 다녀도, 옷이나 물건을 언니에게 물려받더라도, 나한테 특별한 것을 해 주지 않아도 좋았다. 늘 따뜻하게 날 사랑해 주는 부모님이 계셨고 나의 일기장 속 주요 등장인물인 언니와 남동생이 있는 것으로 행복했다.

그런 습관 때문일까, 나는 지금도 나한테 쓰는 돈이 늘 아깝다. 가족이나 남에게 쓰는 것은 하나도 아깝지 않은데 말이다. 현재의 일에 있어서도 그 생각은 마찬가지다. 회사의 또 다른 가족이 생긴 만큼, 내가 힘들더라도 팀원들이 힘든 건 너무 싫었다.

처음 스타트업으로 시작할 때 월급을 제대로 못 가져간 날이 태반이었다. 그래도 우리 팀원을 끝까지 책임지겠다는 생각은 강했다. 팀원들이나 아르바이트생이 늘어 갈 때마다 인건비가 부담스러운 것도 사실이었지만, 팀원이 늘어 기쁜 마음이 컸다. 그리고 그들의 노력에 의해 회사가 더 성장한다고 생각하고, 나도 그들의 노력이 헛되지 않도록 최선의 노력을 하고자 다짐도 했다. 어렸을 때부터 몸에 밴 책임감이 강하게 발현되는 느낌이었다.

때론 '나는 우리 회사를 성장시킬 능력이 있고 나와 함께하는 팀원들을 이끌고 책임질 수 있다.'는 긍정확언을 되뇌기도 했다. 우리는 함께하기에 큰 시너지가 나고 있다고 생각한다. 이런 것들이 모여 지금은 사업에 더욱 욕심이 나고, 우리 팀원들과 내 가족 그리고 간호사를 위해서 잘해 보고 싶은 마음이 간절하다. 이 끝이 어디에 도달할지는 모르겠으나 분명 내 책임감은 나를 비롯하여 나와 함께하는 이들을 기쁘게 할 날이 더 많은 곳으로 이끌거라 확신한다.

책이 만든 CEO

도서관은 참으로 신기한 공간이었다. 공짜로 이렇게나 많은 즐거움을 주는 곳이 있다니!

초등학생 시절, 나는 학원을 다니지 않았기 때문에 방학이 되면 시간이 늘 많았다. 그래서 도서관에 가서 하루에 몇 시간이고 책을 읽었고 집에 와서도 빌려온 책을 쌓아 놓고 읽곤 했다. 전문서적이나 지식을 주는 책은 아니었지만 동화책, 소설책은 너무 재미있어서 읽느라 시간 가는 줄도 몰랐다.

부모님은 책을 좋아하는 나를 위해 벽 한쪽 전체를 책장으로 만들고 수많은 책을 사주셨다. 집에 있는 책은 몇 번씩 반복해서 읽었는지 모른다. 책을 읽다 보니 책을 더 많이 읽고 싶어져서 어떻게 하면 책을 빨리 읽을 수 있을지 연구하기도 했다. 그러다 보니 남들보다 빨리 읽는 능력이 생겼다. 정보를 습득하는 데 있어 두려움이 없고 끊임없이 갈구하게 된 것은 책으로 인한 영향이 컸다. 책 안에서 내용을 얻는다기 보다는 다양한 책을 수없이 읽으면서 '스스로 습득하는 능력'이 생긴 것이다. 완벽하게 습득하진 못할지라도 많은 양을 습득할 수는 있게 된 것 같았다.

고등학생 시절에는 책을 읽는 데 소홀할 수밖에 없었지만 독서 대회가 있다면 반드시 나갔다. 책에 소홀해도 책을 놓긴 싫었기 때문이다. 독서 대회는 같은 시간 동안 책을 읽고 책의 내용에 대한 퀴즈를 푸는 것이었다. 남들보다 빠르게 읽고 기억하는 능력이 있었던 나는 모든 독서 대회에서 1등을 차지했다. 그러다 보니 당연히 언어영역의 신이 되었고 언어영역 시험시간이 남는 쾌거도 몇 번이나 이뤘다.

수능이 끝나고는 다시 미친 듯 책을 읽기 시작했다. 아르바이트를 쉬는 날이면 지역 도서관에 가서 아침부터 밤까지 있으면서 책 읽기에 매진했다. 자기 계발서를 읽기 시작한 것은 그때부터였다. 어떻게 보면 잘난 사람의 인생 이야기였지만 기회가 있다면 도전하고 포기하지 않는 사람들의 삶을 들여다보며 뭔가 느껴지는 것이 있었다. 그렇게 하루에 몇 권씩 읽다 보니 자기 계발서와 성공한 사람들의 패턴을 찾을 수 있었고, 그 속에서 '자립심'과 '도전'이란 키워드를 뽑아낼 수 있었다. 나는 다이어리를 펼쳐 메모하기 시작했다. 패턴이 인식되었고 이걸 잡을 수 있다면 내 인생도 어떻게 될지 모르는 것이라 생각하자 무언가 인생이 재밌어질 것 같았다.

하지만 난 정해진 길을 가야 할 것만 같은 간호학과 진학을 앞두고 있었다. 그 당시에는 간호사의 다양한 진로에 대해서 잘 알지 못했기에 어느 병원의 간호사가 되는 것이 내 목표가 된 듯했지만 그렇게 안주하고 싶지 않았다. 그래서 부모님께 말씀드렸다.

"저 독립할게요. 나가서 살겠습니다."

갑작스런 나의 선언에 부모님은 황당한 눈빛으로 나를 바라보셨다. 내가 입학 예정인 학교보다 더 먼 곳에 있는 대학교에 다니는 언니도 왕복 4시간 이상을 소요하며 통학을 하던 때였으니 그런 반응도 무리는 아니었다.

"장학금 받을게요. 용돈도 제가 벌어서 쓸게요. 독립할게요."

계속된 설득에 나는 결국 기숙사로 독립을 하게 되었다.

당시 내가 받아들인 자기 계발서의 또 다른 패턴 2개는, '자신의 한계를 정하면 안 된다.'와 '마음먹기에 달렸다.'였다. 그래서 나의 한계를 병원 간호사로 정해 두고 싶지 않았다. 왠지 그렇게 확정지으면 그걸 이뤘을 때 그 이후를 잘 그려 가지 못할 것 같았기 때문이다.

우선, 장학금을 받기 위해 1학년 때부터 열심히 공부했다. 그리고 높은 성적을 유지하려 계속해서 노력하여 감사하게도 4년간 학비를 거의 내지 않고 다닐 수 있었다. 용돈은 스스로 해결했다. 돈을 벌기 위해 여러 가지 아르바이트를 하면서도 단순 돈벌이에 그치는 것이 아니라 그 곳의 시스템을 읽으려 노력했다. 그래서 내가 맡은 일이 아니어도 기웃거리고 알려고 노력하자 나를 고용한 사람들은 적극적으로 일하는 나를 반겨 주었다. 이렇듯 나의 대학생활은 책으로 인해 많은 경험과 함께할 수 있었다.

그런데 간호사가 되자, 나는 갑자기 또 다른 사람이 되어 버렸다. 열정도 사라지고 책도 잘 읽지 않게 되었다. 일상에 지쳐 생각대로 몸이 움직이지 않았고 시간도 빨리 흘러가 버렸다. 그래도 자기 전에는 책을 읽고 싶었는데 그마저도 맘처럼 되지 않았다.

그러다 혹시나 하는 마음으로 휴대폰으로 유튜브를 열고 '책'을 검색했다. 놀랍게도 책을 읽어 주는 '북 유튜버'들이 굉장히 많았다. 그때부터였다. '오디오북'에 관심을 갖게 된 것은. 그중 내가 가장 좋아하고 내 인생을 변화시켜 줬다고 해도 과언이 아닌 유튜버는 김새해 님이다. 그녀는 책의 중요한 부분을 이야기해 주고 자신의 경험에 비추어 진솔한 이야기를 들려 준다. 그녀의 딕션도 나를 매료시키기 충분해 1시간 가량 진행되는 방송을 자주 듣곤 했다. 이것은 마음이 약해질 때나 동료들로 인해 마음에 상처를 입었을 때 치유가 되었던 것은 물론 사업 준비를 시작할 때도 많은 도움이 되었다. 특히 성공한 CEO들이 쓴 책을 리뷰하거나 CEO들과의 인터뷰는 나에게 깊은 인상을 남겼다. 혹시, '난 사업할 자금도 없고 우리 집은 흙수저야.'라고 생각하는 사람이 있다면 생각의 전환을 맞이하게 될 수도 있다. 이렇게 또 다시 접한 책으로 인해 잠자고 있던 나의 열정이 다시 샘솟기 시작했다. 어쩌면 내가 내 그릇의 크기를 정해 두고 그릇에 맞게만 생활하려 했던 것인지도 모른다는 생각에 내 그릇을 더욱 키워야겠다고 마음먹게 되었다.

CEO 중에는 자수성가형이 많은 것을 보며, 나도 부유한 집안에서 자라진 않았지만 행복하게 자라났듯이 내 손으로 회사를 만들어 보고 싶다는 생각이 들었다. 성공한 CEO들도 처음엔 작은 규모에서부터 시작했고 스스로 하나씩 만들어 나갔으며 힘든 과정을 견디고, 무너지면 다시 일어나 현재의 모습이 되었다. 그 과정을 간접 경험하며 생각했다.

'나도 할 수 있지 않을까?'

그리고 그들의 모습을 보기 위해 직접 찾아 나서기에 이르렀다. 그들이 운영하는 가게에 직접 가 보고 왜 소비자들이 이 가게를 선호하는지, 어떤 마케팅 방법을 썼는지 분석하기도 했다. 그리고 핵심이 무엇인지를 알려고도 노력했다. 그러다 보면 분명 내 사업에도 적용 가능한 것들을 발견하게 되리라 생각했다. 그런 생각과 걸음이 반복되다 보니 계속 도전하고 싶은 욕구가 들었다. 어떻게 보면 그들은 나를 모르겠지만 나는 그들을 멘토 삼아 배워 나가고 있던 것이다. 이렇듯 책으로 접한 세계는 계속해서 나의 시야를 넓혀 주었다.

책은 돈에 대한 인식도 바꾸어 주었다. 그것은 김새해 님의 오디오북 덕분에 내가 가장 좋아하는 책이 『부의 추월차선』이 된 이후부터라고 할 수 있다. 나는 인생에서 돈은 큰 비중을 차지하지 않는다고 생각해 왔다. 돈에 큰 욕심을 내는 것은 탐욕스러운 것이라고 느꼈고 돈을 쫓다 보면 많은 걸 잃을 수 있다고도 생각했다. 하지만 좋은 일을 하면 돈은 따라오는 것이고, 돈이 많아져야 내 사람들을 지킬 수 있으며, 강해질 수 있고 더 많은 사람을 도울 수 있다는 것을 알게 되었다. 돈을 바라는 것은 탐욕스러운 것이 아니다. 돈이 얼만큼 있는지 비추는 것은 나쁜 것이 아니다. 단지 그 돈으로 무엇을 하는지가 중요한 것이다. 그때부터 『부의 추월차선』에 계속 빠져들게 되었고, 내가 자고 있어도 돈이 굴러들어 오는 구조를 만들고 싶었다.

사실 『부의 추월차선』을 처음 접하던 직장인 시절에는 첫 장부터 충격적이었다. 바로 '현대판 노예로 살고 싶냐'는 말. 충격이라기보다는 자극이 됐다는 표현이 더 어울릴지도 모르겠다. 내가 직장생활에 만족하고 있었다면 그 말에 강한 반감이 들었겠지만, 그 당시에는 오히려 현재를 바꾸고자 하는 욕망이 강하게 들었다. 그리고 책을 소개해 주던 김새해 님은 내가 꿈꾸던 삶을 살아가고 있었기에 더 큰 자극이 되었다. 네 명의 자녀를 낳아 잘 키우고 가정을 굳건히 하면서도 사업으로 수익을 얻어 사랑하는 가족들을 위해서 그 돈을 사용했다. 즉, 시스템을 만들고 행한 것이다. 나도 그녀를 보며 배우고 싶은 점이 많아 하나하나 실행에 옮기려고 노력했다. 정말 신기하게도 마인드 세팅만 해도 내가 달라지는 느낌이었다. 그녀가 리뷰한 책 중에 『나는 4시간만 일한다』 역시 시스템을 강조하고 시간으로서의 자유를 얻는 삶이었다. 매력적이었다.

어떻게 보면 궁극적으로는 돈을 많이 버는 것이 인생의 목표는 아니다. 나 또한 행복한 가정을 꾸리고 사랑으로 아이를 키우는 것이 꿈이기도 하다. 이것은 몇백억 원의 돈이 있다고 해서 이룰 수 있는 것은 아니다. 다만 시간으로부터 자유를 얻어 내가 소중하게 생각하는 사람들과 함께 시간을 보내고 어려운 사람들을 돕는 것, 바로 이런 궁극적인 행복을 위해 돈이 필요한 것이다.

현재 내가 만들고 있는 것도 단순한 책과 인터넷 강의가 아니다. '시스템'이다. 간호사와 간호사를 꿈꾸는 사람들이 접할 수 있는 콘텐츠를 온라인에서 제공하는 시스템을 만드는 게 목표이다. 일대일 서비스는 다수에게 영향을 미칠 수 없으니 많은 사람들이 편리하게 이용할 수 있는 '시스템 구축'은 반드시 필요하다고 생각한다.

사업을 함에 있어 정말 많이 했던 '긍정확언'도 책의 영향이 컸다. 정말 유명한 책 『생각하라! 그러면 부자가 되리라』도 말도 안 되게 나의 마음을 뒤흔들었던 책이다. 우리가 생각하는 만큼 현실로 이루어진다는 건 허무맹랑한 이야기라고 하겠지만 그래도 난 믿어 보고 싶었다. 내가 나를 믿는 만큼 나아갈 힘을 얻었기 때문이다. 그래서 현재도 가끔 내가 잘할 수 있을지 불안할 때 또 되뇌곤 한다.

'지금 충분히 잘하고 있고 앞으로는 더 잘할 수 있다. 난 간호사 CEO로서 꼭 행복을 얻을 수 있다!'

이제껏 책은 내가 꿈꾸는 길로 나아가는 데 있어 길잡이와 자극제 역할을 해 왔다. 이러한 이유로 나에게 책은 여전히 신기하다. 한 사람의 인생을 끌어 올 만큼 큰 힘을 가졌으니 말이다. 책이 없었다면 과연 지금의 내가 있었을까?

사업을 위한 마인드 세팅

하고 싶은 일을 하면서, 남을 도우면서, 돈을 벌 수 있을까? 2019년부터 '소확행'과 '욜로'라는 말이 심심치 않게 들렸고, 요즘은 즐기는 삶이 열정보다 중요한 시대로 전환되고 있는 듯하다.

나는 안정적인 직장을 벗어나 사업을 시작했지만, 나에게 있어서도 '즐기는 삶'은 중요한 가치를 지니는 것 같다. 하고 싶었던 일도 일이 되면 즐겁지 않을 수 있다는 말을 종종 들었는데 아직은 초창기라 그런지 힘든 것이 즐거운 것을 해치진 못했다. 힘들지만 즐겁고 미래가 있는 이 일을 하고 싶었고, 일을 진정 즐기다 보면 돈은 따라온다고 생각했다. 행복하지 않은 내가 만든 콘텐츠로는 소비자들을 행복하게 만들 수 없을 것 같았고, 내 일을 사랑하지 못하고 행복하지 않은 상태로 돈에 묶이고 싶지도 않았다. 내게 성공이란 행복을 유지하는 것이기 때문에 나도, 소비자도 행복하게 만드는 게 최선이었다. 그런 의미에서 나는 지금 하고 있는 일을 감사하게 생각하고 사랑하면 된다는 결론이 나왔다. 그래서 현재는 나 자신과 내 일만을 바라보며 사업을 하고 있다.

이제껏 여러 아르바이트와 직장생활을 하며 깨달았다. 정도의 차이

일 뿐 어떤 일이든 안 힘든 일은 없다는 것을. 이미 그것을 깨달은 상태에서 사업을 진행하고 있기에 지금에 더 만족하고 있는지 모른다. 그렇게 느끼는 만족감은 매사 감사함을 느끼게 한다.

밥을 먹을 수 있는 시간이 있음에 감사하고 커피 한 모금이 감사하다.
나와 함께하는 팀원들이 있음에 감사하다.
내 주변에 좋은 사람들이 있음에 감사하다.
⋮

이렇게 계속 감사함을 느끼다 보면 자연스레 행복이 따라왔다. 그 행복감은 나로 하여금 긍정적으로 생각하게 하고, 그렇게 만들어진 생각은 날 변화시킬 수 있다고, 나는 믿는다.

'난 간호사를 도울 수 있는 작은 시스템을 만들 수 있다. 지금 난 행복하다. 이 일을 즐기다 보면 돈은 따라올 것이다.'

'지금 이 일을 할 수 있음에 감사하다. 이번 삶은 선물 같은 삶이다. 지금의 난 행복과 함께하고 있다.'

아직은 스타트업이라서 주는 것보다 받는 것이 많기에 주변에 항상 감사하며 살아가고 있다. 그만큼 내 행복을 낮출 필요 없이 자존감도 끌어올렸고 마음도 점차 강해지고 있다. 사업을 하다 어려운 점이 생기더라도 현명하게 대처할 수 있는 능력이 충분하다고 생각하려 한다. 내가 하고 싶은 일을 시작하며 내 생각을 변화시켰고 지난날에 대한 후회를 반복하지 않기 위해 나를 단련하려 노력하고 있다. 내겐 나를 사랑하지 못했던 시기가 있었고, 강하지 못한 마음으로 흔들릴 때도 있었다. 그래서 이번만은 같은 실수를 하지 않기 위해 생각을 정리했다. 바로 '마인드 세팅' 이다.

첫 번째, 거절로부터 자유로울 것.

사업을 하다 보면 안 될 걸 알면서도 제안서를 내밀거나 직접 찾아가서 기다리는 일도 해야 할 때가 있다. 정말 운이 좋게도 우리의 제안서가 통과되는 순간도 많았지만 거절되는 상황도 생길 수밖에 없었다. 또한 친구에게 한 부탁이 거절당한 적도 종종 있었다. 거절당할 것을 감안하고 가더라도 집으로 돌아오는 발걸음은 무겁기만 했다.

문득 떠올려 보면 나도 누군가의 제안에 수없이 거절하며 살아왔다. 그 제안이 솔깃하지 않은 경우도 있지만 상황 때문에 거절할 수밖에 없는 경우도 있었다. 나도 누군가의 제안에 거절할 수 있고 나도 누군가의 제안을 거절할 수 있다는 걸 인정하는 태도는 필요했다. 거절을 두려워하는 태도를 버리니 더 많은 제안을 할 수 있었다. 사업에 있어 내 제품을 알리려는 노력은 무엇보다도 중요하기에 거절을 두려워해서 시도하지 않거나 거절당한 후 의기소침해지는 행동은 멀리하는 편이 좋았다.

'거절을 두려워하면 두드릴 수 있는 폭은 줄 수밖에 없다. 두려워하지 말자.'

두 번째, 여자에 대한 차별로부터 자유로워질 것.

간호사 세계는 속히 '여초 집단'으로 불린다. 여자가 많다는 것에서 여러 장단점을 찾을 수 있겠지만 그중 대표적인 장점은 여성에 대한 차별이 없다는 것이다. 일할 때는 차별이 없다는 걸 전혀 인지할 수도 없었다. 그러나 병원을 떠나 일반 사회에 속하자 그것은 생각보다 빨리 느껴졌다. 여성이 하는 사업이라 정부에서 주는 혜택도 있었지만 CEO의 모임이나 주변에 조언을 구할 때, '여자라서'란 말을 들을 때면 답답했다. 여자도 사업할 수 있고 좋은 CEO로서의 능력을 펼칠 수도 있는데, 가끔 여성차별적인 발언을 하는 사람들의 이야기를 듣다 보면 속이 상했고, 특히 아이를 낳으면 열심히 일하지 않을 것처럼 말할 때는 귀를 닫고 싶었다. 어느 순간이 되니 그런 이야기가 나오면 그냥 화제를 돌리거나 더이상 대화하지 않으려 피하게 되었다. 그래서 성공한 CEO를 만나더라도 부분 수용하겠다는 마인드로 전환하게 되었다.

'시간이 아깝다. 성차별적인 발언에 신경쓰기에.'

세 번째, 자존감 낮은 사람을 수용하지 말 것.

자존감이 낮은 사람은 남에게 쉽게 질투하며 끊임없이 비교한다. 그런 상황에 휩쓸릴 때면 피로를 느끼고, 그들의 질투 섞인 발언에 일일이 반응하는 것은 감정의 소모라고 생각했다.

'질투에 반응할 시간이라면 혼자 사색을 즐기는 게 낫다.'

네 번째, 일을 즐길 것.

안 힘든 일은 없다고 한다. 맞는 말이다. 가만히 누워만 있으라고 해도 고역일 테니 말이다. 매년 곳곳에서 열리는 마라톤 대회에 참가하는 수백 명의 참가자들은 힘들지 않아서가 아니라 그걸 즐기기 위해 참가한다고 한다. 사업도 그렇다. 안 힘들다면 거짓말이다. 그럼에도 난 이 일을 즐기기로 마음먹었고 그래서 즐기고 있다. 분명 고난이 닥칠 때도 있을 것이다. 글을 쓰고 있는 지금도 회사 운영과 관련해 계속 고민하다가 머리가 지끈거리는 경험을 하였다. 그러나 지금 이 순간에도 나는 이 일을 즐긴다고 말할 수 있다. 일을 하며 느끼는 모든 불안과 어려움을 뒤로하고, 내가 하고 싶은 이 일을 지금 하고 있다는 것만으로도 감사하며 즐기는 자세를 유지할 것이다.

'내 일을 사랑하고 즐기다 보면 무언가 나를 좋은 길로 인도할 거라 확신한다.'

다섯 번째, 할 수 있다는 믿음을 가질 것.

직장을 그만두자 주기적으로 들어오던 월급이 끊기고 최소한의 생활비로 생활해야 할 때도 있었다. 그러면서 불확실한 미래에 대해 걱정이 되었던 게 사실이다. 그러나 지금 불안해하거나 흔들려서는 안 된다고 생각했다. '미래를 위한 투자라 생각하고 딱 3년만 해 보자.'라는 생각으로 나의 미래를 계속 그려 나갔다. 할 수 있다는 믿음이 내겐 절실했고 이를 위해 긍정확언을 되뇌며 불안한 마음을 달랬다.

'지금까지 잘해 왔고 난 잘 해낼 능력이 충분하다.'

앞으로도 나는 나를 지킬 것이며, 마인드 세팅을 통해 나를 단단히 해 나갈 것이다. 그리고 앞으로도 계속 걸어갈 것이다. 유한한 시간을 어떻게 사용할지 끊임없이 고민할 것이고, 결정한 바에 따라 계획하고 추진해 갈 것이다. 병원 안에서도, 밖에서도 여전히 간호사인 나는 지나온 경험에 힘입어 새로운 목표를 향해 힘차게 나아갈 수 있다고 느낀다. 나에겐 꿈과 열정 그리고 무엇이든 할 수 있는 용기가 있기에.

사업은 철학이다

사람들에게 철학이라는 말을 꺼내면 굉장히 고리타분하고 어려운 영역이라고 생각한다. 나도 처음에는 철학이라는 학문을 잘 몰랐지만 고등학교 1학년이 끝난 겨울방학 무렵 우연히 철학책에 빠지게 되었다. 책을 읽다 보니 어느 순간 철학책에 도달하게 된 것이다. 신기한 영역이었다.

임마누엘 칸트는 순수이성비판에서 인간의 보편적 진리를 논했다. 그는 인간의 보편적인 진리는 경험에서 오고 경험은 인간의 능동적인 행위에서 나왔다고 보았다. 이것을 통해 나도 '인간의 보편적인 진리를 도대체 어떻게 알 수 있는가?'에 집중해 보게 되었다. 결국, 한 사람의 지속적인 사고와 경험, 환경 등이 그 사람의 사상을 만든다는 것을 깨달았고, 이러한 철학적 사고방식은 내게 굉장히 매력적으로 다가왔다. 그래서 그때부터 철학에 푹 빠지게 되었다.

내가 다닌 고등학교에는 윤리 과목이 없었다. 하지만 수능에 윤리라는 과목이 있다는 것을 온라인 강의를 통해 알게 되고는 그때부터 반 친구들에게 내가 윤리를 직접 가르쳐 주기도 하고 철학이 왜 재밌는지에 대해서 이야기하기도 했다. 그렇다 보니 자연스럽게 철학과 진학을 꿈꾸기도 했지만 현실적인 문제에 부딪혀 그 길을 선택하진 못했다.

하지만 인생은 결국 끊임없는 철학이었다. 언젠가부터는 사상가들의 철학에만 집중하지 않았다. 물론 그들의 사고가 인생에 적용되는 점은 굉장히 많고 타인의 사상에 배울 만한 점이 있다면 내 것으로 하는 것도 굉장히 중요한 부분이지만 나만의 철학 정립이 필요하다고 생각했다.

사업을 하면서도 나의 철학을 많이 녹여 낼 수 있었다. '사업 철학'을 떠올려 본 것이다. 즉, 과연 내가 중점적으로 추구하는 것이 무엇인가에 대해 핀을 꽂아 보고, 이후 그 핀을 중심으로 내가 무엇을 위해 하는지 고민하고 어떻게 운영을 해야 할지도 끊임없이 탐구하는 것이다. 고민 속에 철학을 그리다 보면 재미있는 스토리가 나온다. 각자의 삶을 바탕으로 자유롭게 그리는 것이다 보니, 정해진 답이 없다는 것도 큰 매력이 아닐 수 없다. 일단 내가 중점으로 꽂은 핀은 당연히 행복이었고 그 주위에는 질문이 던져질 수 있었다.

1. 나는 무슨 일을 하는 사람인가.

2. 무슨 사업을 진행하는가.

3. 이 사업을 진행하게 된 이유는 무엇인가.

수많은 질문을 던질 수 있겠지만 사업을 위해서 우선 이 세 가지 질문을 추렸다. 그중 '나는 무슨 일을 하는 사람인가'에 대한 생각의 시작은, 나는 사업, 구체화하면 간호사를 위한 사업, 거기서 조금 더 들어가면 간호사를 돕는 콘텐츠를 제작하는 일을 하는 사람이라는 것부터이다. 그리고 이후 그에 대한 반문이 이어질 수 있다.

그럼 현재 간호사를 도울 수 있는 콘텐츠를 제작하고 있는가?

그 콘텐츠가 간호사에게 도움이 되는 것이 맞는가?

⋮

끊임없는 고민과 반문은 사업에서 굉장히 중요한 역할을 하고, 그것은 꼭 필요한 과정이라고 생각한다. 이걸 하는 데 대단한 능력이 필요하지도 않고 하다가 피곤함이 느껴진다면 잠시 멈춰도 좋다. 철학을 좋아하는 나조차도 생각을 이어 나가다가 엉뚱한 생각에 빠졌다가 다시 돌아오기도 하기 때문이다. 사실 내가 하고 있는 사업 철학은 대단히 유창한 게 아니다. 답도 형식도 없는, 단지 내 인생과 내 사업에 대해 탐구하는 과정 자체가 철학이라고 할 수 있다. 그런 면에서 나는 철학이 사랑스럽다.

고민을 계속하다 보면 다른 사람의 철학이 궁금해지기도 한다. 그럴 때면 성공한 CEO들은 어떤 사업 철학으로 회사를 운영하는지 가끔 들여다보며 인생의 철학에 대해 배우기도 하고 사업 철학을 더욱 구체화시키기도 한다. 경영이라는 걸 처음 접할 때 신기했던 점은, 사업 조언을 구하기 위해 멘토님이나 교수님께 찾아가면 '조언을 듣게' 되는 경우가 많았지만 사업가를 찾아가면 늘 많은 '질문을 받게' 된다는 것이었다. 사업가 앞에서 도움을 구하러 간 내가 생각지도 못했던 질문을 받으며 당황스럽기도 하지만 그 과정에서 큰 깨달음을 얻기도 했다.

'아, 내가 놓치고 있던 부분이 이거였구나.'

오랫동안 사업을 운영한 사람들은 각자만의 사업 철학이 있는 듯했다. 그들이 하는 질문이 그들이 중요하게 생각하는 '중심 사고'였고 질문을 통해 내가 놓치고 있는 부분을 깨닫게 해 주는 듯했다. 그들도 사업을 운영하면서 중점적으로 봐야 할 핀을 꽂고 그 다음에 해 나갈 것에 대해 끊임없이 질문하고 고민하는 과정을 거쳤기에 성공을 이루었겠다는 생각이 들었다.

철학을 공부하면서 또 하나 느낀 바가 있다. 다른 사람의 철학을 읽는다는 건 어쩌면 심리를 읽는 것과 통하는 것이 있다는 것이다. 예전에는 상대방의 생각을 읽는 것과 철학을 읽는 건 같은 말 같지만 다르다고 생각했다. 즉, 생각을 읽는 것은 즉각적이며 일시적인 느낌이라면 철학을 읽는 것은 그 사람이 삶에서 추구하는 큰 그림을 따내는 것 같다고 느꼈다. 그러나 언젠가부터 누군가의 철학은 그 사람의 심리와 맥락을 같이한다는 것을 알게 되었다. 예를 들어 우리 회사와 MOU(양해각서)를 맺기로 한 A사가 있다고 가정해 보자. 그러면 우리는 A사가 사업에 있어서 철학의 핵심을 무엇에 두고 있는지 파악해 볼 필요가 있을 것이다. 만약 A사 대표가 '기업 이미지'를 중요하게 생각해 봉사단체를 키우는 데 중점을 두고 있다면 그 부분을 부각시킨 제안서를 통해 접근해 볼 필요가 있을 것이다. 이처럼 철학을 읽는다는 것은 하나의 심리학이며 이는 사업에서 매우 중요한 부분이라고 생각한다.

요즘 사람들이 많이들 접하고 있는 유튜브에는 성공한 사람의 이야기도 실패한 사람의 이야기도 많다. 나는 그것을 보며 무엇이 옳고 그르다는 판단을 하기보다는 그들의 경영 철학을 들으며 내가 취하고 피해야 할 것들에 대해 배울 수 있다는 점이 참으로 유익하고 재미있다는 생각이 든다.

철학을 정립한다는 것은 어렵게 느껴지지만, 끊임없이 고민하고 배우며 느끼는 과정을 통해 앞으로도 나만의 철학을 차곡차곡 채워 나갈 계획이다. 그러면 언젠가 나만의 철학도 한 뼘 자라 있지 않을까.

손이 열 개인 CEO

예전에 창업 수업을 들으러 갔을 때 한 투자자가 스타트업 대표들에게 이런 말을 한 적이 있다.

"지금 스타트업 시기에 가장 중요한 게 뭔 줄 아세요? 대표의 역량이에요."

창업교육에 참석해서 만난 다른 회사 대표들과 이야기를 나눠 보고 느낀 그들의 특징은, 좋은 상품을 어떻게 개발 할 것인가에 대해서만 생각이 집중되어 있다는 것이었다. 그러나 아이템 개발이 문제가 아니라, 마케팅을 잘하지 못해 시장에 선보이지도 못하고 특허만 등록되어 있는 제품이 수두룩하다는 얘기를 들었다. 그래서 고민했다.

'스타트업에서는 대표의 역량이 가장 중요하다?'

그렇다면 난 배움을 멈춰서도 안 됐고 여러 큰 그림을 그릴 줄 알아야겠단 생각이 들었다.

간호학을 전공했기에 다른 쪽에는 지식이 있을 리가 만무했던 나는 쉽게 직원을 고용할 수 없는 상황이었기에 콘텐츠 제작에 필요한 기술을 익혀야만 했다. 기본적인 엑셀, 포토샵뿐만 아니라 작업물을 의뢰하기 위해서는 기본적인 흐름을 알아야 작업 지시가 가능했기에 프리미어프로, 에프터이펙트 등의 프로그램도 공부해야 했다. 거기에 세무와 경영에 대한 공부도 필요해서 틈만 나면 자료를 찾아보고 컴퓨터도 만져 보며 공부하기 바빴다. 원가 절감을 위해 굉장히 중요한 요소였기 때문이다.

만일 그 과정이 힘들었다면 하지 않았겠지만 새로운 분야를 접한다는 건 나에게 굉장히 흥미로운 일이었기에 가능했다. 배움에 대한 용기와 흥미가 있었던 나는 바로 실전에 적용하게 되는 이 배움의 과정이 참 좋았고, 그로 인해 배우는 속도나 효과도 더 극대화되었다. 요즘 같은 정보의 숲에서 지식을 정확하게 선별하여 취하는 것도 능력이라는 생각에 지금까지도 이것저것 얕은 지식을 쌓아 가는 중이고 사업을 처음 운영할 때에 비해 훨씬 더 많은 것을 알 수 있게 되었다.

다행이라고 표현해야 할지는 모르겠지만 난 유튜브를 사랑한다. 요즘 같이 많은 지식을 공짜로 들을 수 있는 것도 물론 좋지만 가르쳐 주는 게 아닌 타인의 경험을 들을 수 있는 좋은 창구라 생각하기 때문이다. 게다가 그 영역 또한 매우 넓어서 세금 부분과 법인 운영에 있어서도 많은 도움을 받고 있으며, 최근에는 홈페이지 관리도 배우기 시작했다. 온라인 강의 위치나, 사진을 넣는 것 하나하나 절차를 밟고 의뢰하기에는 너무 답답했고 그렇다고 직원을 고용하는 데 한계가 있었기에 배우면서 진행하기로 한 것이다. 뭣 모르던 때는 홈페이지 디자인만 훌륭하면 된다고 생각했는데 알고 보니 또 다른 세상이 있었다. 그렇게 여러 가지로 배우고 난 후 업무 분담을 위해 직원이나 아르바이트를 고용하니, 원하는 일을 지시하고 진행하는 데 훨씬 수월하다는 것을 몸소 느끼게 되었다.

배우다 보면 처음이 어렵지 손은 결국 빨라질 수밖에 없었다. 완벽하게 잘할 수는 없지만 얕은 지식이라도 장착해 놓으니 가르침을 더 잘 이해할 수 있는 힘도 생기면서, 배움을 두려워하지 않는 마음이 중요하다는 것도 다시금 깨닫게 되었다. 아직은 걸음마를 떼는 스타트업이기에 배워야 할 것들이 산더미이지만 모두 받아들이고자 한다. 아무리 어려운 것도 하다 보면 결국 익숙해지기 마련이니까.

6개월만의 이사

2018년 7월부터 간호사 삼교대 근무를 하며 사업을 준비해 온 후로 휴일이란 존재하지 않는 것처럼 사업 준비에 힘을 쏟았다. 그리고 2019년 3월 25일 혈액종양내과 간호사를 사직하고 드디어 2019년 5월 1일 드림널스를 창립했다. 자본금 천만 원도 안 되는 돈으로 시작한 사업이었다.

강남역 4번 출구에 자리잡은 18평 사무실. 내 집보다도 소중하여 집기 하나하나도 정성을 들여 알뜰하게 장만했다. 작은 사무실이었지만 설레는 우리의 시작을 알리고 싶어 사람들을 초대해 조촐한 개업식도 마련했다. 그렇게 드림널스는 시작되었다.

사무실에서는 『프셉마음』을 토대로 오프라인 강의를 먼저 시작했다. 제주도, 전라도, 강원도 등 전국에서 오는 간호 학생, 신입 간호사들을 모아 소규모 오프라인 수업을 진행했고 이와 함께 교육 콘텐츠 개발도 계속해 나갔다. 그러던 중, 6월『프셉마음 – 신규간호사를 위한 진짜 실무 팁』이 출간되었다. 이 책은 대단한 마케팅 없이 3일 만에 천 권이 팔렸고 우리는 이 결과에 힘입어 계속해서 오프라인 수업도 진행하며 시스템 구축을 위한 노력을 기울여 나갔다.

시간이 지나자 팀원도 생겨 우리는 더 넓은 사무실이 필요했고 온라인 강의를 촬영할 스튜디오도 필요했다. 하지만 비싼 비용의 스튜디오를 대여하기엔 역부족이었다. 고정비인 임대료를 높이기엔 위험이 따를 수밖에 없어 고민이 되었다. 그러나 사무실 이전이 불가피한 상황이라 우리는 부동산을 여러 곳 돌아다니면서 합리적인 가격에 좋은 사무실을 찾기 위해 발품을 팔았다. 처음에는 불가능할 것 같았는데 찾고 또 찾다 보니 우리가 원하는 가격대와 평수를 만날 수 있었다. 그렇게 첫 사무실을 얻은 지 6개월 만에 우리는 삼성동으로 이사하게 되었다.

여담이지만 난 원래 서울 사람이 아니라 '강남 테헤란로'는 가 본 적이 없었고, 그곳에 많은 기업체가 있다는 이야기를 들으며 '테헤란로라는 곳은 멋진 곳이겠구나.'라고 생각하곤 했었다. 그래서 어린 마음에 서울 강남은 로망과도 같았는데 사무실 이전 후에야 우리 사무실의 도로명 주소가 테헤란로라는 것을 알게 되었다. 순간, 로망으로 생각하던 곳에 있게 된 것이 믿기지 않아 나는 환호성을 지르고 말았다.

"와! 우리가 테헤란로에 사무실을 얻은 거였어요! 우와 신기해, 너무 좋아요!"

그렇게 우리는 '새집' 인테리어에 더욱 정성을 쏟았다. 이것 역시 금액이 부담스러워 셀프 인테리어로 대체하기도 했다. 바닥 시공을 하지 않은 메인 홀은 주말에 나와 바닥을 기어다니면서 수세미로 밀고 또 밀었다. 손가락이 아프고, 머리가 헝클어지고, 옷이 더러워질 때까지 청소해도 힘든지 몰랐다. 이곳에서 시작할 소중한 사람들과의 미래를 생각하며 깨끗하게 하고 싶다는 생각만 한가득이었다. 이후 벽 사이즈를 재서 단열 벽지를 붙이고 페인트칠도 하며 그날만 8시간 넘게 쉬지 않고 일했지만 기분은 좋았다. 누군가에겐 별것 아닌 사무실 이전 정도겠지만, 이 변화가 우리에겐 굉장히 크게 와닿았다. 미흡하게나마 우리의 손으로 그럴듯한 사무실을 만들어 가는 것에 벅찬 감정도 밀려왔다.

이사는 생각보다 많은 에너지를 필요로 했다. 이삿짐을 싸는 것부터 입주 후 짐 정리까지 하고 나자 몸살이 안 날 수 없었다. 하지만 그 뿌듯함은 어떻게 표현할 수가 없었다. 첫 사무실 개업식 이후 6개월 만의 이전이라 이전식은 따로 하지 않고 송년회로 대체하기로 했다.

새로운 곳으로 옮기고 나자 작은 딸이 사업한다고 걱정이 많던 부모님께 가장 먼저 이 사무실을 보여 주고 싶었다. 서울 대형병원에서 일해 항상 자랑거리였던 둘째 딸이 어느 날 갑자기 사업계획서가 담긴 PPT를 내밀며 병원을 그만둔다고 했을 때 마지못해 "네가 하고 싶으면 해야지."라고 말씀하셨지만, 감출 수 없는 부모님의 걱정스러운 표정에 내심 죄송했다. 보건교사 자격증을 따고도 공무원은 맞지 않는다며 간호사의 길을 걷고, 안정적인 직장에서 나와 불안정한 사업을 하겠다는 딸을 보며 부모님은 어떤 생각을 하셨을까…. 하지만 난 나를 알기에 부모님의 걱정스런 눈빛을 애써 피해 밖으로 나오면서 굳은 결심을 했다. 부모님께 부족하지 않은 딸이 되기 위해서 힘들더라도 꼭 해내겠다고, 다시금 부모님의 자랑스러운 딸이 되겠다고.

새로운 사무실에 오신 부모님이 말씀하셨다.

"대견하네, 우리 딸."

그러면서도 활짝 웃진 못하셨지만 이전보다 행복해하는 날 보며 다행이라며 함께 기뻐해 주셨다.

"여기로 사무실을 옮긴 게 꿈만 같아요. 정말 잘해 볼게요."

이곳은 앞으로 내가 소중한 사람들과 함께할 공간이다. 뜻을 같이해 주시는 저자분, 강사분, 팀원분들과 함께할 생각에 설렘이 가득하다. 아직 대단한 사무실은 아닐 수 있지만 적어도 우리에겐 희망이고 보금자리 같은 곳이다.

특히 스튜디오는 더 애정이 갔다. 좋은 온라인 강의 콘텐츠를 제작하기 위해서 카메라, 마이크, 조명을 하나하나 따져 가며 구매했고, 지금도 끊이지 않고 유용하게 사용되고 있기에 그 뿌듯함은 더 크다.

지금 내 자리에서 여전히 매일 쏟아지는 일을 해 나가고 있다. 이곳에서 얼만큼 성장할 수 있을지는 모르겠지만, 애정을 듬뿍 담은 곳이기에 이 사무실과 오랫동안 함께하고 싶다. 그만큼 좋은 기억도 많이 쌓아 가고 새로운 만남도 많아지길 바라 본다.

프리셉터의 마음

『프셉마음』을 기획한 건 2018년 7월 노은지 간호사를 처음 만난 날이었다.

그날 우리의 공통 관심사는 분명했다. 바로 '신입 간호사'.

당시 노은지 간호사는 『신규간호사 안내서』를 출간한 뒤였고 난 유튜버 '널스맘'으로 활발히 활동하고 있었다. 둘 다 신입 시절이 너무 힘들어 시작한 일이다 보니 우리는 간호사를 돕고 싶다는 이야기로 시간 가는 줄도 모르고 이야기를 나눴다. 처음 본 사이, 서로의 나이도 본명도 처음 알게 된 날이었지만 믿기지 않을 만큼 잘 맞았던 우리는 낮부터 만나 카페를 이동하며 계속 이야기를 이어 나갔고 함께 사업을 구상하기에 이르렀다. 막차 시간이 다 되도록 기획한 게 바로 '프셉마음 – 신규간호사를 위한 진짜 실무 팁'이다. 어떻게 처음 만난 사람과 그렇게 깊은 이야기를 나눌 수 있었는지 지금 생각해도 참 신기하다. 그리고 그날, 1인 기업가의 꿈을 꾸고 있던 노은지 간호사와 사업에 대한 구상을 하고 있던 나는 동업을 약속하게 되었다.

근래에도 많은 사람들이 말한다. 공동 대표가 얼마나 힘든 것인지 말이다. 언젠가는 사이가 멀어지게 된다며 진심 어린 충고도 수없이 많이 들었다. 그러나 이 글을 쓰는 시점인 1년 6개월 이상 지난 지금까지 마찰 없이 서로 시너지를 내면서 사업을 진행 중이다. 우리는 비슷한 생각을 갖고 있었지만 전혀 다른 성격과 장점을 가지고 있었기에 시너지가 날 수 있었다고 생각한다.

간호사로 일했던 우리는 고민 끝에 간호사를 위한 병원 실무 기본서를 만들기로 뜻을 모았다. 내 주변 지인들도 대부분 간호사이고 SNS에서 현직 간호사분들과 자연스럽게 연결되었으며 간호 관련 학회와 접촉할 수 있다 보니, 매년 콘텐츠 업데이트도 수월할 것이라고 예상했다. 내가 신입 간호사를 가르친다는 마음으로 하나하나 써 내려가기 시작했다. 이렇게 『프셉마음』은 근무 중에 집필한 책으로 근무하면서 보고 느낀 것을 계속 정리해 나갔기에 실무에 더 가까운 내용을 담을 수 있었다. 3교대로 근무하면서도 휴일이 맞는 날이면 다른 간호사와 만나 의견을 나누고 자문을 얻기 위해 힘썼는데 정말 감사하게도 10명의 현직 간호사들로부터 큰 도움을 받았다. 그러자 점차 퀄리티가 높아졌고 신입 간호사를 위한 진짜배기 실무서로 완성되어 갔다. 편집은 편집 디자인 프로그램을 배워서 직접 작업했고 표지는 노은지 대표와 노은지 대표 남편이 만들었다.

『프셉마음』 출시를 앞두고 있을 때 '린 스타트업'을 배우게 되었다.

이것은 최소 요건으로 제품을 제조하고 시장의 반응을 보며 제품에 반영하는 전략이었다. 본래 공부에 어려움을 겪는 소수 정예 오프라인 강의를 진행하기 위한 참고용 책으로 계획되었던 『프셉마음』을, 완성본을 받은 후에 출간을 결정하게 된 우리의 전략은 린 스타트업의 표본이라 할 만했다.

그렇게 의도치 않게 출판업에도 뛰어들게 되었지만 『프셉마음』의 반응은 생각보다 폭발적이었다. 당시에는 서점 유통 없이 네이버 스마트스토어를 통해서만 유통했는데도 많은 사람들이 우리의 책을 찾아 주었다. 매일 쌓이는 주문량을 감당하느라 택배 담당 아르바이트생을 고용해야 할 정도였다.

『프셉마음』의 이러한 인기는 유통 구조도 변화시켰다. 다른 서점에서 신생 출판사에는 부를 수 없는 공급가를 제시하며 잇달아 계약서를 보내온 것이었다.

출간 6개월도 지나지 않아 6000부를 인쇄하게 되면서 진료과별로 『프셉마음』 시리즈가 나왔으면 좋겠다는 이야기들이 많이 들렸다. 그래서 범위를 넓혀 새로이 기획하게 되었고 우선 회사 공동 대표인 노은지 간호사와 내가 일한 분야인 중환자 간호, 혈액종양내과에 대한 내용을 먼저 집필하고, 경험상 연차가 쌓일수록 궁금증이 증폭되어 갔던 감염 관련 검사 파트를 집필하기로 결정했다. 집필을 함에 있어서 어떤 저자와 함께하면 좋을지 굉장히 많은 고민을 했다. 학위나 병원도 물론 좋지만 신입 간호사를 돕는 데 뜻을 같이할 수 있는 분과 함께 하고 싶었다.

혈액종양내과편을 맡게 된 나는 서울대학교 병원 혈액종양내과에서 근무 중인 유미옥 저자를 만나게 되면서 책 집필에 박차를 가하게 되었다. 첫 만남부터 나이 차이가 무색하리만큼 비슷한 점이 많다는 느낌을 받아서 함께 책을 쓰는 게 재밌을 것 같단 생각이 들 정도였다. 이미 『프셉마음 – 입문편』을 작업해 보면서 집필자의 노고를 잘 알았던 터라 집필하면서 어려움이 있을 때마다 서로 만나 회의를 하고 식사와 술도 함께하며 서로의 생각을 나누었다.

"저자님, 제가 신입 간호사 때 항암스케줄표 읽는 법도 모르는데 어떻게 공부해야 하는지 막막한 거예요. 진짜 힘들지 않았어요?"

"그쵸, 애초에 정리된 게 있으면 얼마나 좋아요. 생각보다 혈액종양내과가 새롭게 공부해야 할 게 얼마나 많은데, 정말 실무로 눈에 딱 들어오는 게 없는 것 같아요."

"진짜 잘 만들어 봐요, 저자님!"

우리는 신입 간호사의 고충을 누구보다 이해하려고 하고 어떤 것을 궁금해할지 이야기를 나눴다. 단순히 저자와 출판사의 관계를 넘어 공통의 관심사로 더 가까워진 느낌을 받으며 정말 도움되는 좋은 책을 만들겠다는 우리의 열정은 더욱 커져 갔다. 목차부터 함께 만들고 끊임없이 고민하는 과정이 결코 쉽지 않았지만 이 과정을 통해 좋은 책뿐만 아니라 좋은 사람을 얻을 수 있었다.

중환자 간호를 집필하신 전호웅 선생님도 우리와 깊은 인연이 있다. 선생님은 워낙 오랜 기간 중환자실에서 근무하며 신입 간호사들을 가르친 경험이 있었고 그만큼 교육 쪽에 열정이 강한 분이었기에 우리의 부탁을 흔쾌히 받아 주었다. 책에 대한 애정도가 굉장히 높았던 지라 쉼 없이 책을 써 내려갔고 현재 '널스큐'에서 중환자 간호과정 온라인 강의 촬영까지 함께하고 있다. 신입 간호사를 돕고자 하는 마음이 가득한 전호웅 선생님과 그의 동료분들을 사석에서 만나 보면서, 이런 좋은 생각을 가진 분이 우리 책의 저자라는 것에 다시금 자부심을 느낄 수 있었다. 중환자 간호의 기본부터 닦겠다는 마음으로 책을 집필했다는 것은 책을 보는 우리도 느낄 수 있을 정도였다. 내가 잘 아는 분야는 아니었지만 나는 자문위원으로 참여하며 신입 간호사의 관점에서 이해가 안 되는 부분을 체크하는 것으로 내 역할을 다하려고 노력했다.

감염 환자 간호는 활발하게 활동하고 계신 감염전문간호사 세 분이 함께해 주셨다. 감염 관련 파트는 임상에 있으면서 수없이 접하게 되지만 균 관련 서적은 워낙 원서들이 많은 데다 간호사의 눈 높이에 맞게 집필된 책을 찾기 어려워 난감했던 기억이 있다. 그래서 우리는 책을 기획하자마자 가장 먼저 감염전문가이신 남소희 선생님을 찾아갔다. 블로그, 유튜브, 인스타를 통해 활발히 활동하고 계신 전문가로 익히 봐 온 터라 우리는 선생님을 집필진으로 모시고 싶은 마음이 간절했다. 그리고 처음 만났을 때 받았던 선한 느낌 그대로 선생님은 신입 간호사를 위한 책 집필에 동참하기로 결정해 주었다. 그리고 오랜 경력을 갖고 계신 감염 관리 전문간호사인 연정 선생님과 정아 선생님께도 우리의 취지를 전했고 함께하고 싶다는 답변을 받을 수 있었다. 이렇게 구성된 세 분의 전문간호사의 훌륭한 원고를 기초로 여러 진단검사의학과 교수, 감염내과전문의 등의 전문가가 자문, 검수에 함께 참여하며 전문성을 더했다. 이후 입문자의 난이도에 맞게 내용을 조절하고 방향성에 맞게 수정하여 우리의 기획과 취지에 맞는 책으로 조금씩 완성해 나갔다. 이렇게 하여 가려운 곳을 긁어 줄 수 있고 간호사에게 더할 나위 없이 유익한 책을 완성할 수 있었다.

이렇게 『프셉마음』 한 권을 완성하기까지 걸린 최단 기간은 7개월, 집필, 자문, 감수까지 최소 7명 이상의 의사 및 간호사가 함께했다. 순서와 내용을 바꾸고 수정하는 과정을 거듭하는 동안 나 또한 출판사의 일원으로서 간호사로서 함께하는 동반자가 되고 싶은 마음이 컸다. 그래서 나도 자문위원으로 참여하여 도서관에서 책을 찾아보며 저자분이 집필한 내용의 근거를 한 번 더 체크하면서도 신입 간호사들에게 더 쉽게 설명하기 위해 내용을 풀어 쓰거나 부가적인 설명이 추가되어야 할 부분에 대해 고민하기도 했다. 이렇게 시간이 좀 걸리더라도 한 권 한 권에 우리의 손길이 닿게 하며 정성을 들였고 시리즈물로서의 방향성을 갖추기 위해 노력했다. 한 번 볼 책이 아닌 소장하고 틈틈이 볼 수 있는 책을 만들고 싶었기에 하나라도 놓치지 않기 위해 힘썼다.

지금 책을 만드는 과정들은 한때의 내 경험과 우리의 경험이 어우러져 이루어 낸 작업이라 할 수 있다. 이것은 간호사라는 직업에 대한 애정이 없거나 새로이 커 가는 후배들을 위하는 마음이 없다면 하기 힘든 일이라 생각한다. 여유롭지 못한 환경에서 함께 일하며 간호사의 마음에 큰 상처를 주는 것도 간호사지만 그 환경을 가장 잘 이해하고 돕고 싶어하는 것도 우리 간호사라는 것을 절실히 느끼며, 이 일을 하고 있는 우리가 참 자랑스럽게 느껴졌다.

『프셉마음』은 단지 책을 넘어 내 신념과 가치이다. 시스템 전부를 바꿀 수 없어도 내 손으로 무언가라도 돕고자 하는 작은 발버둥 같은 것. 앞으로도 내가 할 수 있는 선에서 간호사를 위한 발버둥을 계속 쳐 보고 싶다. 나의 열정이 살아 있는 한, 하나하나 퀘스트를 깨듯 제2, 제3의 『프셉마음』을 계속해 나갈 것이다.

널스큐의 탄생

학창 시절, 피엠피로 강의를 보며 강사의 꿈을 키워 왔다. 윤리는 줄곧 잘하던 문과생이었기에, '철학과를 나와서 우리나라 윤리 1타 강사가 될 수는 없을까?'란 꿈을 꿔 보곤 했다. 하지만 주변에 철학과 진학에 대한 고민을 털어놓으면 들려오는 답변은 뻔했다.

"취업은 어떻게 할 거야? 대학원도 바로 가야 하지 않겠어? 돈은?"

현실적으로 생각했을 때 고등학생인 내겐 쉽지 않을 거란 생각이 들었다. 그래서 윤리 1타 강사가 되고 싶었던 꿈을 접고 강사가 아닌 간호사의 삶을 살게 되었다.

간호사 시절, 유튜브를 운영하면서 알게 된 것 중에 안타까웠던 건 병원별 교육격차였다. 체계적으로 교육이 이루어지는 곳도 있지만 교육 없이 바로 업무에 투입되는 병원도 많다는 것을 알게 된 것이다. 그러던 중 '교육의 부재가 간호사의 자긍심을 낮춘다.'는 내용을 다룬 간호사 논문을 접하고 크게 공감이 되었다. 이후 『프셉마음』을 많은 사람들이 찾고 드림널스에서 진행하는 소규모 오프라인 강의를 찾는 사람들의 발길이 끊이지 않자, 우리가 해야 할 것이 무엇인지에 대해 구체적인 그림이 그려지기 시작했다. 바로, 근거기반의 공통 실무를 기본부터 다룬 영상이 꼭 필요하다는 생각으로 지금의 '널스큐'를 기획하게 된 것이다.

동영상 강의를 만들기로 한 이상, 일단 이름부터 잘 짓고 싶었다. 지금의 '널스큐'라는 이름은 온라인 강의를 위해 처음 지어 본 이름 중 가장 마음에 드는 것이었다. 널스큐의 '큐'는 중의적 표현을 담고 있다. 하나는 영화에 쓰이는 '큐 사인'과 같이 다음을 준비한다는 의미로 간호사로 성장하기 위한 큐 사인을 한다는 의미이고, 다른 하나는 Question(질문)의 의미이기도 하며, 마지막으로 'Q'라는 글자의 모양처럼 돋보기를 의미하기도 한다. 이는 우리가 담고자 하는 뜻을 가장 잘 나타내면서 입에 달라붙는 상호라는 생각이 들어 널스큐라는 이름으로 온라인 강의를 열게 되었다.

널스큐 안에 담아 낼 온라인 콘텐츠 내용도 구상한 상태였고 근거기반의 검증된 내용도 있었지만 누가 강의를 해야 할지 고민이 되었다. 그러던 중 정말 운이 좋게도 김경운 성인간호학 교수님과 인연이 닿아 함께 강의를 찍게 되었다. 그러나 강의 실력이 굉장히 뛰어난 교수님이라도 이 많은 양을 혼자서 다 찍는다는 것은 무리였다. 이런저런 궁리를 하던 중 이 콘텐츠의 흐름을 가장 잘 아는 건 『프셉마음』을 집필한 드림널스가 아닐까 하는 데 생각이 미쳤다. 그래서 결국 우리가 직접 참여하기로 결정했다. 이를 위해 온라인 강의용 인계장과 처방을 재구성하며 실무에 가깝기 위한 새로운 작업부터 다시 해야 했다. 호기롭게 시작했지만, 해 보기 전에는 강의 하나를 만들기 위해서 이렇게 많은 노력이 들어갈 거라고 미처 생각하지 못했다. 비슷할 거라고 생각했던 유튜브 작업도 이것과 비교하면 새 발의 피였다. 그렇게 여러 번의 시행착오를 겪으면서도 이미 시작한 일이고 오랜 기간 준비한 만큼 지치지 않고 끝까지 잘 마무리하려 안간힘을 썼다.

여러 모로 공을 들이고 오랜 고민을 거듭하여 탄생한 결과물인 만큼 널스큐 온라인 강의가 많은 신입 간호사들에게 도움이 되었으면 좋겠다. 나아가 우리의 교육 시스템이 하루빨리 자리잡아 중소병원의 간호사 외주 교육을 맡게 되는 날이 왔으면 하는 바람도 가져 본다. 그날을 위해, 간호사들의 합리적인 실무 교육을 위해, 우리는 오늘도 열심히 달려 가고 있다.

사업 Step by step

세상에는 사업을 위한 수많은 이론이 있다. 한 번은 경영학 책을 읽다가 지쳐서 멈추고는, '이 이론들을 빠삭하게 알면 난 사업을 잘할 수 있을까? 그렇다면 경영학과를 나오지 않은 사람은 사업에 성공하기 어려운 걸까?'라고 생각해 보기도 했다.

우리에겐 많은 멘토들이 있었다. 교과서보다도 먼저 겪은 선배들의 노하우를 통해 배우게 되는 것인데, 그렇다 해도 사업을 하다 보면 수많은 시행착오를 겪게 된다. 그 시행착오를 줄이기 위해서 공부가 필요하고 중심이 되는 이론이라면 반드시 알아야 한다. 그중 내가 중요하게 생각했던 것은 '비즈니스 모델'이었다. 비즈니스 모델은 내 제품을 어떻게 소비자에게 제공하고 어떻게 마케팅하며 어떻게 돈을 벌 것인가에 대한 계획이라고 볼 수 있다.

그 후 누군가 하는 말을 듣고서야 BM의 의미를 생각해 볼 수 있었다.

"대부분 대표님들이 그래요. 자기 사업 아이템이 좋대, 근데 돈을 못

벌어요. 그럼 과연 그 사업 아이템이 좋은 걸까요? 남들은 존재도 모르고 사고 싶은 마음도 없다는데 말이죠."

순간 정신이 번쩍 들었다. 신입 간호사를 돕겠다는 마음으로 사업을 시작했고 사업 아이템을 굳건히 하는 데 집중하느라 정작 '어떻게 돈을 벌 것이냐'에 대한 것은 별로 생각해 본 적이 없다는 것을 그제서야 깨달은 것이다. 사업은 보통 3년은 견뎌야 한다는데 우리의 의도와 아이템이 아무리 좋아도 회사가 유지되려면 수익창출이 반드시 필요하다는 것을 왜 간과하고 있었을까.

결국 사업도 사람이 하는 것이라 수많은 변수가 존재했고 차선도 필요했다. 아이템을 키워 보지도 못하고 돈 때문에 사업을 접을 수는 없었기에 수많은 비즈니스 모델을 그려 보았다. 정말 다행히도 내가 운영하고 있는 사업은 교육 콘텐츠 사업이라 일반 플랫폼 사업처럼 사람이 모인 다음에 수익을 창출하는 구조가 아니라, 준비하는 데에는 시간이 걸려도 콘텐츠를 판매하면 크든 작든 수익을 얻는 구조였다. 그래서 수익이 날 때마다 회사에 투자했다. 그러면서 사업을 어떻게 진행할 것인가를 계속 고민했고 좋은 콘텐츠를 만드는 것에 최선을 다했다.

그러나 사업을 하기 위해서는 물건을 만드는 것 외에 크고 작은 많은 것들에 대한 고민이 수반되었다.

첫 번째, 어떻게 소비자들에게 제공할 것인가.

처음에는 네이버 스마트스토어로 시작했다. 하지만 판매로가 적기에 한계는 분명히 있었다. 정말 놀랐던 점은 신생 출판사의 경우에는 책을 서점에 60%에 납품해야 했다. 이것만 봐도 왜 출판업이 힘들다고 하는지 피부로 느껴졌다. 보통 에세이가 15,000원이라고 했을 때 60% 납품하고 저자 인세, 제작 원가, 디자인, 교정·교열비를 빼고 나면 1,000권을 팔아도 돈이 안 남는 구조다. 문제는 현재 출판 자체가 늘 불황이라 1,000권 팔기도 힘든 일이다. 그래서 서점 납품은 먼 이야기처럼 느껴졌다. 하지만『프셉마음』은 네이버 도서에서 단기간에 베스트셀러로 자리잡았고, 검색수가 높다 보니 서점에서 먼저 연락이 왔다. 그중 첫 번째로 알라딘에서 좋은 조건을 내걸며 납품을 해 달라는 행운과도 같은 연락을 받았다. 좋은 조건에 판로 한 개가 더 생긴 것이다. 이후 우리나라 최대 서점 한 곳을 제외하고는 다른 대형서점들과는 신생 출판사치고는 좋은 조건으로 계약하게 되었다.

그렇게 우리나라의 오프라인 서점을 장악하고 있는 그 대형서점으로는 몇 달째 납품을 진행하지 못하고 있던 어느 날, 다시금 협상을 위해 그곳 담당자를 만나러 가게 되었다. 파주까지 가는 동안 우리의 마음은 하나였다. '원하는 조건으로 계약이 될 때까지 계속 설득해 보자!' 그러나 예상대로 협상은 쉽게 이루어지지 않았다. 담당자는 다른 신생 출판사와의 계약보다는 높은 금액을 불렀지만 못내 아쉬웠던 우리는 계속해서 준비해 간 자료를 보여 주고 우리 출판사의 장래성에 대해 거듭 설명하며 의지를 굽히지 않았다. 결국 담당자는 내부 회의를 거치고 나서야 우리가 납득할 수 있는 결과를 전해 주게 되었다. 초반보다 10%

이상 인상된 조건으로 계약을 하게 된 것이다. 이렇게 소비자에게 어떻게 제공할 것인가에 대한 고민 중 판로 개척은 운이 따라주기도 했고 적극적인 설득을 통해 이루어지기도 했다.

그 외에는 인쇄소, 제본소, 물류창고, 배본사 등 이곳저곳을 돌아다니며 견적을 받아 보고 비교했다. 비교 분석을 중요하게 생각하기 때문에 견적서를 정리하고 직접 방문하는 것이 최선이라 생각했다.

두 번째, 어떻게 마케팅을 할 것인가.

지금까지도 계속 고민하고 있는 것이 마케팅이다. 아무리 좋은 제품을 만들어도 많은 간호사와 간호 학생들이 알지 못한다면 소용이 없기 때문이다. 우선은 기본에 충실하자는 생각으로 '저비용으로 효과를 극대화'하는 마케팅의 핵심을 따르기 위해 자체 채널을 강하게 만들기로 했다. 그래서 드림널스 인스타 채널을 키우기 시작했다. 웹툰 작가를 섭외해 병원 생활을 그려 꾸준히 업로드하며 콘텐츠를 채워 나갔다.

오프라인 마케팅도 필요했다. 간호사 국가고시 때 수험생을 응원하고 드림널스도 알리기 위해 8,000개의 핫팩과 너스 아이템을 포장했다. 그리고 너스키니와 함께 서울과 부산에서 각각 새벽 응원을 나갔다. 그때 동원된 아르바이트생만 30명이 넘었다. 새벽 4시에 눈을 떠서 분주히 움직였지만 피곤한지 모를 정도로 설렘이 가득했다. 이 외에도 드림널스를 알리기 위한 움직임은 멈추지 않고 있지만, 기업과 제품을 알리기 위한 고민 또한 끊임없이 하고 있고 동시에 콘텐츠 퀄리티를 높이기 위한 노력도 게을리하지 않고 있다.

마케팅과 맥락을 같이 하는 브랜딩 또한 중요하다. 사업을 함에 있어 우리 회사를, 또 나를 어떻게 브랜딩할지는 계속 고민해야 하는 요소였다. 창업을 준비하며 다른 대기업들의 아이템이나 기업 이미지를 들여다본 적이 있다. 기업 이미지도 분명 중요한 요소였다.

나를 브랜딩 하는 것도 어느 정도 필요했다. 이미 많은 사람들이 내 본명보다 유튜버 널스맘으로 알고 있었다. 취미로 시작한 유튜브를 어떻게 운영할 것인가도 고민이 되었다. 사업은 굉장히 바빴고 유튜브 콘텐츠에 대한 고민도 깊은 시기가 있었다. 바쁘다고 해서 유튜브를 놓을 것 인가, 차라리 쪽잠을 자서라도 유튜브 콘텐츠를 만들 것인가, 계속 고민하던 중에 결론은 '유튜브 업로드 하는 기간을 좀 더 늘리되 멈추진 말자. 시간이 나는 대로 틈틈이 진행하자.' 였다. 그만큼 지금의 나를 만들어준데는 유튜브의 힘이 컸다. 유튜브가 이어준 소중한 인연도 있었기에 놓을 수 없었다. 앞으로도 유튜브는 나라는 사람을 알리고 여러 사람들과 소통할 수 있는 창구가 되고자 한다.

책은 브랜딩을 의도한건 아니지만 하나의 브랜딩 요소로 현재 집필중에 있다. 글은 그 사람을 닮는다고 한다. 이 책은 두 달 잡고 쓰고 있다. 다른 전공서가 아닌 나라는 사람을 보여 주기에 집중력 있고 진솔하게 책을 쓰고자했다. 이 진솔함으로 누군가는 나라는 사람을 이 책을 통해 알 수 있게 될 수도 있고, 내가 걸어온 길을 엿볼 수도 있다. 그런 의미에서 책은 브랜딩에 좋은 요소가 될 수 있다.

어떻게 돈을 벌 것인가에 대해서는 주업무에 집중하되 수익구조의 다각화를 고민해야 했다. 비즈니스 모델수립 만큼은 기본이었다. 자주 이면지에 마인드맵을 그려보곤 한다.

"A안……. 1차적으로는."

"B안……. 고려사항은? 한계는?"

계획을 세우고 뻗어나가고 그런 식으로 고민하지 않으면 사업을 운영하는 게 쉽지 않았다. 철저하게 해 보려고 해도 사업은 변수가 있는 것이었다. 남들이 말하는 3년이 지나면 사업의 변수가 줄어들고 안정화되는 시기도 찾아올 수 있다. 우리는 더 빨리 안정화된 시스템을 만들 수 있을 거라는 믿음으로 계획을 반복하고 회의를 지속한다. 사업의 실패율에 대해서 주변에서 우려의 목소리도 나온다. 가만히 있다면 실패할 수밖에 없고 남들과 같은 생각을 한다면 눈에 튈 수 없었다. 어떻게 돈을 벌 것인가는 계속 고민해야 하는 부분이었다.

돈을 어떻게 벌 것인가가 정리 되면 돈을 얼마큼 벌건지도 정해야 했다. 많은 사업자들이 목표 매출은 정해야 한다고 말한다. 나는 월급을 받으며 살아왔기에 스스로 매출의 목표를 잡는 것이 어렵다. 예를 들면 1억을 벌겠다고 가정했다고 해 보자.

"어? 너무 큰돈을 바라는 건가?"

돈은 벌 배포가 있는 사람이 벌 수 있다고 했다. 갑자기 몇 십억이 들어와도 도망가지 않고, 난 돈을 벌 능력이 충분하다고 생각할 수 있어야 했다. 그렇다고 너무 큰 꿈을 바랄 순 없었다. 현실 가능한 선에서 가능할까? 싶은 목표를 잡아보고 싶었다.

"내 목표매출은 얼마이고 순이익 목표는 얼마이다."

노력이 뒷받침된 계속된 긍정확언은 현실이 될 수 있다는 믿음으로 추진해 나간다. 그렇다 보니 다른 스타트업보다는 매출을 빠른 시기에 낼 수 있었고 단기간 목표도달에 가능했다. 2020년은 ㈜드림널스의 새로운 콘텐츠들이 나오는 시기인 만큼 더 높은 목표를 세워보았다.

"나는 회사를 잘 성장시킬 수 있다. 난 해낼 수 있는 역량이 충분하다."

스스로 긍정확언을 하며 실패를 줄이고 효율성 있는 방향으로 나아가기 위한 걸음을 지속한다.

법인설립도 사업에 있어 중요한 요소였다. 사업에 첫발을 내딛을 때는 개인사업자? 법인? 모든 게 어안이 벙벙했다. 그때부터 공부도 했지만 주변에 조언을 많이 구하기도 했다. 법인은 쉽게 말하면 내가 아닌 새로운 인격인 법인체를 만들고 난 그 안에 고용되는 시스템이다. 월급을 받으면서 생활할 때는 세금에 대해 별 생각이 없었다. 내 노력으로 세금을 절감하는데도 한계가 있을뿐더러 세전, 세후 남들도 그렇게 받으니 나도 그런가보다 생각만 들었다.

물론 사업자인 경우에도 어느 정도 수익이 생겼을 때 법인사업자와 개인사업자의 차이가 생길 수 있다. 하지만 세금을 좀 더 투명하게 내고, 내 재산도 좋지만 회사를 키우고 싶은 욕심도 있었다. 그래서 법인을 선택하여 법무사와 함께 ㈜드림널스를 설립했다. 처음에는 사실 법인 절차가 이렇게 복잡할 줄 몰랐다. 현재 세무사님 두 분이 함께 하고 있는데 세무사님께 하루가 멀다 하고 연락을 자주했다. 실수도 많았고 궁금한 것도 많았다. 그럼에도 법인을 운영하다 보니 수익과 지출이 더 잘 드러나게 되었다. 그래서 지금은 절차가 좀 더 복잡하지만 법인을 잘 키워보려 노력중이다. 한 멘토님이 법인에 대해서 설명을 할 때 이렇게 이야기를 했다.

"법인은 아이에요. 잘 키워야 하는 거예요."

이 말이 지금 와서 생각하면 가장 어울린다. 특히나 우리는 스타트업이기에 법인을 굶기게 되면 사업진행이 어려웠다. 굶기지 않도록 고군분투했다.

“사업 재밌지 않아요? 법인을 키우는 맛이 또 있죠.”

한 대표님의 말도 떠오른다. 법인은 내 멋대로 돈을 움직이는데 한계가 크기 때문에 실질적으로 잔고를 쌓는 노력이 필요했다. 법인으로 있다 보면 마음만 먹으면 이것저것 시도해볼 수 있는 것들도 생겼다.

맞다. 사업 참 재밌다. 누군가가 보면 스타트업이 겁 없이 말한다고 할 수 있다. 힘든 일이 있어도 이겨낼 마음의 준비를 하고 있고 사업에 달려들 열정도 가지고 있다. 마음 먹은 바, 재미없고 힘들게 나아갈 필요가 있는가, 지금 매 순간을 즐기면서 재밌게 나아가고자 한다. 내가 하고자 하는 것! 목표를 반드시 이뤄내겠다는 마음가짐을 반복하면서 말이다.

함께 가야 멀리 간다

한번은 인터뷰에서 이런 질문을 받았다.

"창업에 있어 가장 중요한 것이 뭐라고 생각하세요?"

나는 큰 고민 없이 대답했다.

"사람이죠."

실제로 그랬다. 마음의 문을 열고 난 후에는 정 많고 사람 좋아하는 내겐 사람보다 중요한 건 없었다. 난 노은지 간호사와 동업을 했다. 사업을 준비할 때부터 생각해 온 것이지만 사업자등록증을 낼 때 또 한 번 다짐한 것이 있었다. '절대 사람을 잃지 말자.'

난 지나친 평화주의자다. 화가 안 나는 건 아니지만 다만 참을 뿐이며, 갈등을 싫어하다 보니 가끔은 상황 자체를 회피하는 경우도 종종 있다. 하지만 동업은 달랐다. 껄끄럽다고 회피할 수 있는 인간관계가 아니었고 우리를 믿고 함께하는 팀원까지 책임져야 하는 그야말로 '막중한 책임감'을 가진 관계였다. 사업 파트너는 결국 가장 가까운 사람이 될 수밖에 없다. 하지만 그러다 보면 기대감이 오르고 그만큼 실망할 일도 많아지는 게 당연하기 때문에 큰 기대를 하지 않으려 노력했다. 그리고 우리는 각자 맡은 바에 최선을 다할 뿐이다.

그러나 의견이 다른 지점에서는 고뇌하게 되었다. 가끔은 하루 종일 다른 의견으로 토론하는 일도 있었다. 다행히 우리는 서로 감정적인 사람은 아니기 때문에 하나씩 조율해 나가며 큰 마찰 없이 일을 진행해 왔다. 일과 사람은 엄연히 다른 문제이기 때문에 일에 대해 서로 다른 생각을 가진 것에 대해 받아들이지 못하거나 감정적으로 반응해서 사람과의 관계를 망치는 행동은 하지 않으려고 한다.

좋은 파트너십을 유지하기 위해 우리 나름대로의 규정도 정했다.

첫 번째, 서로 존댓말을 쓴다. 굉장히 친하지만 말을 놓는 것은 별개라고 생각했고, 동갑내기는 아니지만 서로 존댓말을 쓰면 아무래도 서로를 더 존중할 수 있을 거란 생각이 들었다. 앞으로도 서로를 존중하고 혹시라도 감정이 상하는 일이 있더라도 대화로 풀어가자는 의미였다.

두 번째, 서운한 게 있으면 말한다. 사실 내가 가장 못하는 것이기도 했다. 그냥 마음에 담아 두었다가도 자고 일어나면 까먹다 보니, '말해 뭐해.'라는 생각이었다. 하지만 우린 단순한 친목도모를 위한 관계가 아니기에 대화는 꼭 필요했다. 그래서 서운한 게 있을 때 이야기를 하고 좋게 푸는 시간도 가졌다.

함께 하는 일인 만큼 분업이 꼭 필요했기에 서로의 장단점을 이야기 하는 시간도 가졌다. 더 잘하는 것을 위임하면서 서로의 단점을 보완하기 위한 노력이었다. 이 시간도 결국 서로를 칭찬하며 화기애애하게 흘러갔지만 그 와중에 역할은 나눌 수 있었다. 사람 만나는 것을 좋아하고 대외적인 활동에 능한 노은지 간호사는 사업과 관련된 연락을 주로 맡기로 했고, 창의력이 좋은 나는 아이템 개발에 주력하기로 했다. 개발된 아이템을 다음으로 진행시키는 과정에서 또다시 분업은 이루어졌고 그렇게 시너지를 내며 우리는 점차 발전해 나갔으며 동반자가 되어갔다.

동업을 함에 있어 누가 더 잘하고 못하고를 따지게 되면 그 사업은 나락으로 떨어진다고 한다. 우리는 각자 가진 역량에 따라 움직이고 서로 조율하기에 그런 생각은 안 하기로 했다. 누구 한 명의 노력이 아니라 서로 함께했기에 지금의 ㈜드림널스로 성장할 수 있었음을 우리는 잘 알고 있기 때문이다.

스타트업에게는 팀원 한 명 한 명이 귀하다. 처음 직원을 채용하게 되었을 때, 수많은 이력서를 받아 봤고 그중에서 좋은 사람을 뽑기 위해 면접도 세심하게 보았다. 그 과정에서 남들과 다른 점이 있었다. 작은 회사이기에 우리의 가족이 될 인재에게도 우리를 알려야 한다는 생각이 들어 면접 보러 온 분들에게 ppt 자료를 보이며 회사를 소개한 점이다. 결국 우리의 진심은 통했고, 지원자 중에 가장 인재라고 여겼던 디자이너가 우리와 함께하게 되었다. 지금까지도 엄청난 실력을 발휘하고 있고 사교성까지 갖춘 직원이 생긴 것은 우리에게 더없이 든든한 일이다.

우리는 인재라고 하면 삼고초려도 마다하지 않았다. 인스타에서 유심히 보던 이소희 간호사에게 DM을 보내며 계속 연락을 취했고, 부산 남자간호사회 회장이신 한동수 교수님을 만나러 부산까지 몇 번을 가기도 했다. 비슷한 생각을 가진 우리는 결국 만나게 되었고, 공통의 목적을 좇으며 긍정적인 시너지를 내기 위해 팀원이 되어 또 다른 시작을 꾀하고 있다. 김보준 간호사, 성희님, 혜리님 등 우리와 함께하게 되었다. 이렇게 가족이 하나씩 늘어 갈 때마다 희망찬 미래가 조금씩 더 가까이 오는 것 같아 행복했다. 이렇게 맺은 좋은 분들과의 인연은 서로 Win-Win할 수 있도록 계속해서 잘 이끌어 가고자 한다.

협력사도 마찬가지다. 간호사 시절부터 알고 지냈던 간호사 쇼핑몰 너스키니는 우리가 아무것도 없을 때부터 함께해 주던 감사한 분이다. 또한 나와 노은지 간호사가 속해 있던 간호학 강연팀 널스케미는 희노애락을 함께해 온 소중한 인연에서 지금은 각자 창업을 하여 협력사로 거듭나게 되었다. 현재 오성훈 간호사와 이준혁 간호사는 널스노트라는 회사를 창립하여 최근에는 우리 회사와 MOU를 맺기도 했다. 이 외에도 늘 멘토 같고 감사한 포널스 모형중 대표님, 주요 협력사로 거듭난 듀티표 어플인 마이듀티 정석모 대표님, 항상 큰 도움을 주시는 빨간깻잎 박은석 대표님, 드림널스와 함께하는 늘 감사한 NHN 에듀팡 김상철 부대표님, 어떻게 감사의 인사를 전해야 할지 모를 입원전담전문의 김준환 교수님 등 많은 인연은 우리를 더 좋은 방향으로 이끌어 주는 벗이 되어 주었다. 또한 모형중 대표님 덕분에 알게 되었던 '한국간호사작가협회'도 내겐 소중한 인연을 쌓을 수 있는 기회가 되었다. 작가협회에서 들은 작가분들의 따뜻한 한마디는 사업을 하며 불안한 마음이 들 때마다 문득문득 떠오르곤 한다.

"반드시 성공할 거예요. 그럴 능력이 충분해요."

이렇듯 고마운 인연과 함께한다는 것이 얼마나 든든한 일인지 모른다. 사업은 함께 성장할 때 더 빛이 난다는 것을 느끼고 있기에 앞으로도 이 소중하고 감사한 인연을 계속해서 이어 갈 것이고, 받았던 만큼 나도 그들에게 도움이 되기 위해 노력할 것이다.

코로나19와의 사투

대구 확진환자가 급속히 늘고 있습니다. 이곳에는 의료진이 부족한 상태입니다.

뉴스가 흘러나왔다. 그리고 길지 않은 고민 끝에 나는 공동대표에게 이렇게 말했다.

"저…, 선생님만 괜찮으시면 의료지원 가고 싶어요."

주변에서는 어떻게 의료지원을 갈 생각을 다했냐고 많이들 묻지만 나의 이유는 간단했다. 내 도움이 필요한 곳이라면 가야 하겠다는 생각 외에는 별다른 생각을 하지 않았다는 것. 거기에 든든한 공동 대표와 신뢰하는 팀원들의 응원이 있었기에 마음먹은 일에 박차를 가할 수 있었던 것이다.

의료지원 신청은 '확진환자 간호 파트'와 '선별진료소 파트'로 나눠서 받았는데, 내 경험이 도움이 되길 바라는 마음으로 확진환자 간호 파트에 지원한 후 부모님께는 통보하듯 말씀드렸다.

“저 대구 확진 환자 간호를 위해 내려갈게요. 이미 지원했어요.”

그렇게 가족의 걱정을 뒤로하고 의료 지원을 위해 내려가는 당일, 기차역까지 가는 동안 마스크로 중무장한 많은 사람들을 지나쳐 이윽고 KTX에 몸을 싣자 갑자기 두려움이 밀려왔다. 해외에서 의료진이 코로나19에 감염되어 사망했다는 뉴스가 신문 일면에 난 것을 보고도 그러했다. 하지만 미지의 질병으로 고통받고 있는 사람들을 돌볼 의료진이 필요했기에 강하게 마음먹으려 애를 썼다.

‘아… 괜찮아. 괜찮을 거야….’

그렇게 나의 새로운 생활은 시작되었다.

첫날 방호복 입는 방법을 배운 후 바로 근무에 투입되었다. 굳은 마음으로 이곳에 왔다고 생각했는데 처음 환자를 마주했을 땐 묘한 두려움이 앞서 환자에게 미안한 마음이 들었다. 간호사로 일하며 환자와 함께 생활한 것이 몇 년인데도 본능적으로 올라오는 감정은 순간적으로 나를 움츠러들게 만들었다. 하지만 해내야 한다는 자기 최면을 계속하며 마음을 다잡으려 애썼다. 다행히도 현장의 감염 관리가 꽤 체계적인 것을 눈으로 보며 두려움은 서서히 떨쳐 낼 수 있었다. 정신없던 16시간의 첫 근무가 끝났다. 이제 단 하루지만 큰 스타트를 끊은 듯했다.

다음 날엔 환자 검체 채취 명단을 받았다. 의사와 간호사가 2인 1조가 되어 투입되었고 환자 라운딩을 돌면서 임상 징후를 확인하고 경구약이 필요한 환자들에게 투약을 진행했다. 그런데 2시간이 넘어가자 고글과 마스크에 땀이 차기 시작했다. 시야를 가리고 답답했지만 닦을 수도 없었다. 게다가 N95 마스크를 착용하고 환자들과 대화를 하다 보니 마찰이 되어 볼이 붉어졌고 피부가 벗겨지기도 했다. 또 숨은 계속 차오르고 등에서 땀이 줄줄 났다. 방호복 속 나는 통제가 불가능했는데도 내색할 수 없었다. 그러나 적응이 될까 걱정했던 것이 무색할 정도로 얼마 지나지 않아 방호복을 입는 게 당연한 일상처럼 빨라졌고 업무 처리도 순조롭게 하게 되어서, 스스로도 원래 이 일을 쭉 해 왔던 사람 같이 느껴질 정도였다. 하지만 환자들과 함께 격리 생활을 하는 것은 쉽지 않았다. 삼시 세끼 도시락을 제공받아 밥을 먹고 근무지와 숙소가 20초 밖에 되지 않는 반경에서 생활하니 일상에 대한 그리움도 생겼다. 그러다 뉴스에서 무증상 확진자들이 급증한다는 기사가 나오고 해외의 상황은 더

욱 심각한 수준으로 치닫고 사망자가 속출한다는 소식을 들을 때마다 많은 생각이 교차했다.

'내가 만일 확진자이면 어떻게 하지? 부모님께 언제 돌아갈 수 있을까. 우리 회사는 어떻게 하지? 코호트 격리가 이루어지겠지?'

나도 의료진이기 이전에 사람이었다. 하루에도 몇 번씩 돌고 도는 생각 속에서 마음이 약해지기도 했다. 하지만 누군가는 해야 하는 일, 이곳에 지원하여 모인 의료진들을 보며 서로 힘을 내고 다시 용기를 냈다. 그렇게 우리는 함께하고 있었다.

코로나 현장에서 홀로 글을 쓰곤 했다.

2020년 3월 27일(코로나19 발령 15일차)

코로나19환자를 간호하고 함께 격리생활한지 15일째 되는 날 새벽 4시경이다. 처음 이곳을 왔을 때에 비해 완치자 수는 늘고 있다. 의료지원 나온 어떤 간호사분이 2주가 지나면 고비가 온다고 하던데, 요즘 생각이 참, 많다. 마당에 큰 벚꽃나무는 꽃이 만개했고 창문에서 가끔 멍하게 밖을 바라보면 따뜻하고 예쁜게 느껴지기도 한다. 우리는 이곳에서 격리생활을 하며 외부와의 단절로 시간이 멈춘 듯 한데 신기하게 겨울이 지나 봄이 왔다. 코로나19가 언제 끝날지, 이곳의 격리가 언제 전부 해제될지 막막하기도 하지만 완치자가 하나둘 늘어나는 것을 보면서 희망을 꿈꾸고 있다.

한 번은 완치자에게 SNS로 연락이 왔다. 너무 감사했다고 안에 있는 분들을 위해 조금만 더 힘을 내달라는 연락이었다. 그 보람은 어떻게 표현할 수 없다. 그럴 때면 내 감정은 두려움에서 감사함으로 바뀌는 경험을 했다. 점차 내가 이곳에 있어야 할 이유가 분명해졌다. 또 이곳에서 환자를 간호할 수 있음에 감사함을 느낀다. 젖은 근무복을 입고 상황실에 돌아오면 벌컥벌컥 물을 마시고 또 일을 시작한다. 그렇게 또 하루를 환자를 간호하며 보내고 있다.

환자를 돕는 일, 간호사를 돕는 일. 목적어만 달라졌을 뿐 예전이나 지금이나 난 늘 누군가에게 '간호사' 인 것 같다. 한때 이 직업이 나에게서 많은 것을 빼앗아 갔다고 생각한 적도 있지만 지금은 그 어떤 것보다 많은 것을 주고 느끼게 해 주는 고마운 존재임을 잘 알고 있다. 그렇기 때문에 그 어떤 두려운 상황에서도 내가 한 선택을 후회하지 않으려 한다.

코로나19에서 가진 용기는 나를 또다시 되돌아보기에 충분했다.

암병동 간호사 김진선, 간호사 CEO 김진선. 같은 듯 다른 방향이지만 난 늘 환자던 간호사던 누군가를 '간호'하고 있고 또 '용기'있게 나아가고 있다. 계속 워킹을 하며 내 삶을 직접적으로 부딪히며 나아간다. 내가 가장 믿는건 '나' 이기에 내 인생을 대하는 자세는 늘 능동적이려 했다. 누군가가 새로운 길에 도전할 때 이런 말을 해주고 싶다.

"스스로를 믿는 만큼 우리는 계속해서 워킹 하며 나아갈 힘이 충분합니다."